DAS OBERPFÄLZER FREILANDMUSEUM

Häuser · Menschen · Geschichte

Ralf Heimrath · Günter Moser · Birgit Angerer

DAS OBERPFÄLZER FREILANDMUSEUM NEUSATH-PERSCHEN

Häuser · Menschen · Geschichte

BUCH & KUNSTVERLAG OBERPFALZ

Bibliographische Information Der Deutschen Bibliothek
Die Deutsche Bibliothek verzeichnet diese Publikation in der Deutschen Nationalbibliografie; detaillierte bibliografische Daten sind im Internet über http://dnb.ddb.de abrufbar.

Mühlgasse 2, 92224 Amberg
Texte: Dr. Ralf Heimrath und Dr. Birgit Angerer (S. 81-89); Bildunterschriften Dr. Ralf Heimrath
Fotos und Buchgestaltung: Günter Moser, 92260 Ammerthal
Satz: BeSt-Systeme Stefan Bernt, 92237 Sulzbach-Rosenberg
Lithographie: Echtzeit Medien, 90429 Nürnberg
Druck: Druckhaus Oberpfalz, 92224 Amberg
Bindearbeiten: Kunst- und Verlagsbuchbinderei Leipzig

ISBN: 3-935719-35-3

Seite 1: Der Bildhauer Engelbert Süß aus Pfreimd schuf den Brunnen mit dem wohlbeleibten Bauern und mit Gänsen, Ziege und Schwein.
Seite 2: Jedes Jahr stellen am 1. Mai Burschen und Männer aus umliegenden Vereinen zwischen der Kapelle und dem Wirtshaus im Museum mit den „Schwalben" einen Maibaum auf.

Inhalt

AM ANFANG WAR · Die Entstehung des Oberpfälzer Freilandmuseums Neusath-Perschen 7

HÄUSER UND WAS DAZU GEHÖRT · Geschichte mit allen Sinnen erleben 13

DAS STIFTLANDDORF· Egerländer Fachwerk an schönen Giebeln aus der nordöstlichen Oberpfalz 19

DAS WALDLERDORF· Häuser aus „Hoiz" und „Stoa" aus dem Vorderen Bayerischen Wald 35

DAS MÜHLENTAL · Sägegatter, Fischweiher und herrschaftliche „Rauberweihermühle" 49

DAS JURADORF · Fränkisches Fachwerk und Juragestein im Westen der Oberpfalz 57

DAS NAABTALDORF · Oberpfälzer Putzbänderhaus und Glockenturm als Dorfmittelpunkt 69

ES WAR EINMAL EINE ZEIT · Vergangenheit als Erlebnis 81

BAUERNGÄRTEN · Nutzen und Zierde hinterm „Hanichlzaun" 93

ZEUGEN DER GESCHICHTE · Sammeln, Bewahren und Dokumentieren 97

ENTLANG DER WEGE · Bildstöcke, Flurkreuze und Totenbretter erinnern und mahnen 105

Der „Urschlbauernhof" aus Gebertshofen im Landkreis Neumarkt wurde 1982 als erste Hofstelle im Oberpfälzer Freilandmuseum aufgebaut.

AM ANFANG WAR...

Die Entstehung des Oberpfälzer Freilandmuseums Neusath-Perschen

„Am Anfang war das Wort“ – dieses Bibelzitat aus der Schöpfungsgeschichte mag vielen Leserinnen und Lesern in den Sinn kommen, wenn ihnen die Überschrift ins Auge fällt. Für das Oberpfälzer Freilandmuseum trifft die Bibelstelle tatsächlich zu, denn die christliche Religion spielt für die Geschichte des Ortes Perschen und insbesondere für das später hier entstandene Museum eine bedeutende Rolle. Zur Erklärung dieser Aussage müssen wir etwas ausholen:
Im frühen Mittelalter, nach der Völkerwanderung bis etwa ins 10. oder 11. Jahrhundert, war die Oberpfalz Teil der germanisch-slawischen Kontaktzone. Das bedeutet, die hier lebenden Menschen gehörten sprachlich einerseits zum Kulturkreis der Bajuwaren und/oder Franken, andererseits zu einer als „Wenden“ bezeichneten slawischen Volksgruppe, die später vom Stamm der Tschechen überlagert und aufgesogen wurde. Diese Wenden siedelten am Obermain und von Osten her kommend bis über die Naab.

Als um 1910 der Edelmannsbauer in Perschen mit Familienmitgliedern und Gesinde in seinem Hof fotografiert wurde, war das Wohngebäude mit der querstehenden Scheune schon 300 Jahre alt. Seit 1964 befindet sich darin das Bauernmuseum als Keimzelle des Oberpfälzer Freilandmuseums.

Deshalb spricht man von den Mainwenden und den Naabwenden. Zahlreiche Ortsnamen in der Oberpfalz und in Oberfranken sind slawischer Herkunft und bezeugen deren Siedlungstätigkeit.

Zu den Orten mit slawischen Namen gehört auch die Siedlung Perschen, deren älteste schriftliche Erwähnung aus dem 11. Jahrhundert einen Zustand im Jahr 798 beschreibt. Mit „Leute am Ufer“ wird die in dem Schriftstück genannte frühe Namensform „Persan“ gedeutet, und in der Tat liegt das Dorf oberhalb der Stadt Nabburg auf der anderen Seite am Ufer des Flusses Naab.

Die in Perschen gelegene Kirche St. Peter und Paul wird in der historischen Forschung als die Urpfarrei für das Gebiet der mittleren Naab angesehen, entstanden im 8. oder 9. Jahrhundert n. Chr. und in seiner Wirkung und Bedeutung für die religiöse Erschließung und die Kultivierung des Raumes vergleichbar mit dem etwa gleichzeitigen Chammünster im oberen und mittleren Bayerischen Wald.
In der Mitte des 12. Jahrhunderts wurde im Friedhof neben der ursprünglichen Kirche eine zweigeschossige Rundkapelle errichtet, der sogenannte Karner, dessen Unterraum als Beinhaus, d.h. als Lagerraum für die Gebeine aus aufgelassenen Gräbern genutzt wurde und dessen Obergeschoss für liturgische Zwecke diente. Er ist mit kunstgeschichtlich bedeutenden und wertvollen Wandmalereien und einer halbkugelförmigen Kuppel versehen. Im 13. Jahrhundert entstand an der Stelle der alten Kirche die bis heute unverändert überkommene romanische Basilika in Perschen. Zusammen mit dem Karner stellt sie ein kulturgeschichtlich bedeutendes Kleinod in der Oberpfalz dar.

Der Engel in dem Deckenfresko der romanischen Basilika St. Peter und Paul in Perschen trägt ein Schriftband, das nach dem Buch des Evangelisten Matthäus von der Geburt Jesu berichtet.

In den Gefahren und Auseinandersetzungen der Hussitenkriege wurde die Pfarrei im Verlauf des 15. Jahrhunderts in die befestigte Stadt Nabburg verlegt. Die Perschener Kirche sank zur Filialkirche herab und der dazugehörige Pfarrhof wurde nicht mehr vom Pfarrherrn bewohnt. Er blieb zwar noch eine gewisse Zeit im Eigentum der Kirche, wurde aber von sogenannten „Widembauern“ bewirtschaftet. Darunter versteht man Bauern, die auf einem der Kirche gehörenden Hof sitzen. 1522 schließlich ging das Anwesen als Erbrechtshof in andere Besitzverhältnisse über. 1603 bis 1605 wurden die Gebäude des Hofes vollständig erneuert. Davon zeugt einerseits die dendrochronologische Untersuchung einiger Balken in der großen Scheune, die als Fälljahr der für die Balken verwendeten Bäume das Jahr 1602 herausgefunden hat, andererseits eine Inschrift im Deckenbalken der Stube des Wohnhauses, die besagt, dass der Hof von den Brüdern Linhart im Jahr 1605 „ausgebaut“ d. h. umgebaut und erweitert worden ist.

Von 1692 bis 1698 lebte der Adelige Claudius von Stainling auf dem Anwesen. Seit dieser Zeit haftete auf dem ehemaligen Pfarrhof der Hausname „Edelmannshof“, und sein Besitzer war der „Edelmannsbauer“.

Über mehrere Generationen hinweg – insgesamt 275 Jahre lang – lebte die Familie Hösl aus Perschen im Edelmannshof, bevor der letzte Besitzer 1957 das Anwesen aufgab und sich außerhalb des Ortes Perschen einen neuen Bauernhof errichtete.

Die Kirche und der „Karner“ in Perschen sind eindrucksvolle und kunsthistorisch wertvolle Zeugen für das mittelalterliche christliche Zentrum in der deutsch-slawischen Kontaktzone des bayerischen Nordgaus.

Hier beginnt die eigentliche Geschichte des Museums. Der Edelmannshof, mit seinem im Hauptgebäude seit 1605 unveränderten Bauzustand eines der bedeutendsten Denkmale bäuerlicher Architektur in der Oberpfalz und zusammen mit der romanischen Kirche St. Peter und Paul und dem Karner ein kulturgeschichtliches Ensemble erster Güte, begann zu verfallen und schien dem Untergang geweiht.

Während am Anfang der Ortsentwicklung von Perschen das Wort stand, d. h. die Verkündigung der christlichen Religion an die damals noch nicht getaufte germanische und wendische Bevölkerung, so kann man beim Museum mit Goethes Faust über dieses Bibelzitat sinnieren und zu dem Schluß kommen: Am Anfang war die Tat. Das aus dem Edelmannshof entstandene „Bauernmuseum Perschen“ verdankt seine Existenz der Initiative und Tatkraft des damaligen Nabburger Landrats Hans Werner und des Perschener Hauptlehrers Alfons Haseneder. Die beiden gründeten 1960 mit einigen Gleichgesinnten den „Verein für Archiv- und Heimatpflege sowie Naturschutz im Landkreis Nabburg e.V.“, der sich der verlassenen Hofstelle annahm mit dem Ziel, das Anwesen zu erhalten und als Ort der Begegnung und der Dokumentation von ländlich-bäuerlichem Kulturgut auszubauen. Nach kurzer Zeit benannte sich der Verein um zu „Verein Oberpfälzisches Bauernmuseum Perschen e.V.“, kaufte 1961 den Hof und begann ihn für die Öffentlichkeit herzurichten. Gleichzeitig sammelte der Verein unter seinem Vorsitzenden Haseneder und mit großer Unterstützung durch die Landwirtschaftsämter und die Regierung der Oberpfalz unermüdlich Gegenstände des ländlich-bäuerlichen Lebens. Innerhalb weniger Jahre kam eine beachtliche Zahl von hochwertigen Bauernmöbeln, Trachten, Gebetbüchern, Haushaltsgegenständen und landwirtschaftlichen Geräten zusammen. 1964 bauten die Vereinsmitglieder in Losenried bei Roding im Landkreis Cham einen für die dortige Gegend typischen hölzernen Getreidekasten aus der Zeit um 1600 ab und übertrugen ihn in den Hofraum der Perschener Anlage an die Stelle, an der früher eine Scheune gestanden hatte. Im Oktober des gleichen Jahres wurde schließlich das „Oberpfälzische Bauernmuseum Perschen“ feierlich eröffnet. Nach dem Schwäbischen Bauernhofmuseum Illerbeuren bei Memmingen wurde damit das zweitälteste Museum für bäuerliche Kulturgeschichte in Bayern geschaffen.

Das neue Museum erfreute sich sehr bald großer und ständig steigender Beliebtheit. Innerhalb von nur sieben Jahren wurden 100 000 Gäste gezählt. Die Anforderungen an die Betreuung der Anlage mit der umfangreichen Sammlung und dem regen Zuspruch durch die Besucher begannen, die Möglichkeiten des Vereins zu übersteigen. Deshalb suchten nun die Verantwortlichen nach einem öffentlichen Träger, welcher der überregionalen Bedeutung des Bauernmuseums gerecht werden konnte. Es war dies die Zeit, als die von Skandinavien ausgehende Bewegung der Freilichtmuseen auch in Bayern ankam und in den Einrichtungen der Bezirke Oberbayern und Mittelfranken, nämlich dem Freilichtmuseum an der Glentleiten und dem Freilandmuseum Bad Windsheim, ihren ersten Niederschlag fand. Auch der Bezirk Oberpfalz dachte damals über die Gründung eines regionalen Freilichtmuseums nach und diese Überlegungen trafen sich mit den Bemühungen des Vereins Oberpfälzisches Bauernmuseum Perschen e.V. nach einem öffentlichen Träger. Nach entsprechender Beschlussfassung durch beide Institutionen wurde zum 1. Januar 1977 die Übergabe des Museums an den Bezirk Oberpfalz vollzogen. Der bisherige Trägerverein besteht seitdem als Förderverein für das Oberpfälzer Freilandmuseum.

Was lag nun näher als der Versuch, das Perschener Bauernmuseum zu einem großen Freilichtmuseum erweitern zu wollen? Dem stand jedoch entgegen, dass die unbebauten Flächen an der Naab gegenüber dem Museum zum Hochwassergebiet des Flusses gehören. Aus diesem Grund suchte man in der Nähe ein geeignetes Gelände, um dorthin ausgewählte Gebäude aus der ganzen Oberpfalz übertragen zu können. 1979 ergab sich die Gelegenheit, in der Gemarkung des benachbarten Ortes Neusath ein Gelände zu erwerben, das den Wünschen der Planer und Entscheidungsträger entsprach. Gleichzeitig wurde dem künftig gemeinsam zu führenden Museum der Doppelname Neusath-Perschen gegeben.

Schon am 28. März 1980 fand auf dem neuen Gelände in Neusath der erste Spatenstich für ein zu übertragendes Gebäude statt. Anfangs war

Ein „Arma-Christi-Kreuz" ziert den Giebel an einem der Nebengebäude des Edelmannshofs in Perschen. Es zeigt Werkzeuge und Gegenstände, die mit der Leidensgeschichte Jesu verbunden sind. In der Mitte befindet sich in einem Strahlenkranz das Herz des Erlösers.

geplant, dass acht verschiedene und vom Abbruch bedrohte Hofstellen als Repräsentanten der unterschiedlichen Hauslandschaften in der Oberpfalz von ihrem ursprünglichen Standort geholt und im Museum wieder aufgebaut werden sollten. 1983 jedoch beschloss der Bezirk Oberpfalz ein neu erarbeitetes Konzept, in das die 1982 festgeschriebenen neuen europäischen Richtlinien für Freilichtmuseen Eingang fanden. Statt einzeln stehender Höfe sollte die Anlage von siedlungsähnlichen Baugruppen innerhalb einer modellhaften historischen Kulturlandschaft verwirklicht werden. In wenigen Jahren errichtete der Bezirk Oberpfalz nun im Museum 16 einzelne Gebäude vom Wohnhaus über den Stadel und andere Nebengebäude bis hin zum frei stehenden Backofen. Sie alle waren vorher an ihrem Herkunftsort baukundlich und wissenschaftlich untersucht und dokumentiert worden. Nach der Anlage eines Wegenetzes im Gelände und der für die Besucher notwendigen Infrastruktur konnte am 1. August 1986 das Oberpfälzer Freilandmuseum Neusath-Perschen offiziell den Besuchern in Form einer Teileröffnung zugänglich gemacht werden.

Das romanische Deckenfresko im Karner zeigt Christus den Weltenherrscher, dessen Urteil im Jüngsten Gericht alle Menschen unterworfen sind.

Die Geschichte der europäischen Freilichtmuseen zeigt, dass solche Anlagen ständig weiterentwickelt werden. Sie sind Auffangbecken für wertvolle denkmalwürdige Beispiele der Baukultur, die andernfalls unwiederbringlich verloren wären. Sie sind auch ein Hort der Bewahrung für Gegenstände des Alltags und des Brauchtums aus vergangenen Zeiten. Und sie sind Einrichtungen mit einem hohen Freizeitwert für die Besucher.
In den vergangenen zwanzig Jahren seit der Eröffnung ist auch im Oberpfälzer Freilandmuseum Neusath-Perschen viel vorangegangen. Die Zahl der behutsam in die Siedlungsformen und Fluren eingefügten Gebäude hat sich einschließlich der Nebengebäude auf 50 erhöht. Das Museum gehört zu den größten seiner Art in Bayern und diente mit seinem Konzept der historischen Kulturlandschaft schon wiederholt als Vorbild für vergleichbare Bemühungen in anderen Landstrichen, insbesondere bei den böhmischen Nachbarn. Als Ausflugsziel und Ort für Veranstaltungen aller Art im Zusammenhang mit dem für das Museum gültigen Generalthema des ländlich-bäuerlichen Lebens erfreut es Tausende von Besuchern aus aller Herren Länder, besonders aber Besucher aus der Oberpfalz. Es weckt und fördert in seinen Gästen auf angenehme Art das Bewusstsein für die historischen und regionaltypischen Bautraditionen der Oberpfalz und für den sorgsamen Umgang des Menschen mit der ihm anvertrauten Landschaft.

Das Oberpfälzer Bauernmuseum Perschen wurde bald nach seiner Eröffnung ein Publikumsmagnet und ein Ort, an dem Traditionen wie der „Hutza-Abend“ gepflegt wurden.

Am Anfang war das Wort, dem folgte die Tat und nun ist das Oberpfälzer Freilandmuseum Neusath-Perschen seit zwanzig Jahren den Besuchern zugänglich. Je nachdem wie die spärlicher gewordenen Finanzen es erlauben, werden der Gründung und dem Ausbau weitere Taten folgen. Das Museum hat sich zu einem Vorzeigeobjekt des Bezirks Oberpfalz entwickelt, das die vergangene bäuerliche Kultur der Oberpfalz in vorbildlicher Weise erhält, erforscht, dokumentiert und präsentiert. So gerüstet, geht das Museum nun in seine dritte Dekade. Möge ihm eine weitere glückliche und erfolgreiche Zukunft beschieden sein!

HÄUSER UND WAS DAZU GEHÖRT

Geschichte mit allen Sinnen erleben

Es gibt verschiedene Museumstypen: Kunstmuseen, Galerien, Heimatmuseen, Industriemuseen, Sportmuseen, Spezialmuseen für Porzellan, Glas, Bügeleisen, Nachttöpfe und viele andere mehr. Unter ihnen nimmt ein Freilicht- oder Freilandmuseum eine Sonderstellung ein, denn in ihm stehen im Gegensatz zu den meisten anderen Typen die Gebäude mindestens genauso im Mittelpunkt des Interesses wie deren Inhalte. Seine Architekturbeispiele werden unter freiem Himmel präsentiert. Es gehört zu den kulturhistorischen Museen und sammelt – wenn man es salopp formulieren darf – Häuser und alles, was dazu und hinein gehört.

Was gehört alles dazu? Am Beispiel eines ländlich-bäuerlich orientierten Museums wie dem Oberpfälzer Freilandmuseum gehört dazu das gesamte Umfeld, in dem das betreffende Haus früher stand. Ein Bauernhof mit nur einem Wohnhaus ist unvollständig; es fehlen ein Stall, eine Scheune, vielleicht ein separater Schweinestall, ein Unterstand für Wagen und Geräte, vielleicht ein Backofen außerhalb des Hauses, vielleicht ein Taubenhaus, je nachdem, wie der Zustand am ursprünglichen Standort war. Alles zusammen erst bildet den Hof. Weiterhin gehören dazu die Gerätschaften, die sich im Hof befanden.

Alois Lippert recht mit den Schulkindern das Heu zusammen. Nichts soll bei der Ernte verloren gehen. Im Hintergrund steht die geschlossene Vierseitanlage des Denkenbauernhofs.

Dörfer und Fluren

Meist stand so ein Bauernhof in der Vergangenheit nicht für sich allein. Zu berücksichtigen ist also auch die Siedlung als Verband von mehreren Anwesen. Es gibt unterschiedliche Siedlungsformen, z. B. Straßendörfer, Haufendörfer, Angerdörfer, Streusiedlungen oder Einöden. Eine für das Hochmittelalter typische Form in den höheren Lagen des Oberpfälzer und Bayerischen Waldes ist das Waldhufendorf, das seiner Bedeutung entsprechend im Museumskonzept berücksichtigt wird.

Damit geraten die Fluren in den Blickpunkt der Museumsgestaltung. In einem Freilandmuseum sind auch die Flurformen als wichtige Teile der historischen Kulturlandschaft zu beachten. Sie sind wie die Anlage der Dörfer oftmals den landschaftlichen Gegebenheiten unterworfen. Zu ihrer Beschreibung dienen Begriffe wie Blockfluren, Gewanne, Gelängefluren oder auch Waldhufen. Die Größe der einzelnen Flurstücke im Museum entspricht den Verhältnissen in der ländlichen Oberpfalz des 19. und frühen 20. Jahrhunderts. Es sind kleine Einheiten und der Begriff des bäuerlichen „Tagwerks" ist sowohl als Flächenmaß wie auch als Arbeitsleistung nachvollziehbar.

Lebensräume

Die Äcker sind nach den Prinzipien der Dreifelderwirtschaft angelegt, dazwischen liegen breite Feldraine, die gelegentlich von Ziegen abgefressen werden. Hier wachsen Wildkräuter und Blumen sowie Kleingehölze. Solche Feldraine sind darüber hinaus Lebensräume für die unterschiedlichsten Insekten, Schmetterlinge und Vögel. Im Oberpfälzer Freilandmuseum wird der Artenreichtum an heimischen Pflanzen regelmäßig dokumentiert. Darunter befinden sich viele, die andernorts aufgrund der Umweltveränderungen keine Verbreitungsmöglichkeiten mehr haben.

Auch die Verbindungswege zwischen den Häusern, zu den Fluren oder den Nachbarsiedlungen gehören als Gestaltungselemente nach historischen Vorbildern zu einem modernen Freilichtmuseum. Straßen und Wege, Fluren, Teiche, Wälder und die Siedlungen zusammen prägen das Erscheinungsbild einer Landschaft. Sie ist von Menschenhand geformt und wird deshalb im Gegensatz zu einer Urlandschaft eine Kulturlandschaft genannt.

An den Ferkeln der Weideschweine sieht man, dass der Rasse ein hoher Wildschweinanteil beigemischt ist. Zur Freude der Besucher werden diese Tiere im Freien gehalten.

Inventar

Und was gehört ins Haus hinein? Das sind zum einen die Einrichtungen und baulichen Verhältnisse, die eine bestimmte Epoche der Wohn- und Lebenskultur darstellen sollen. Jedes Gebäude hat seine Geschichte, sie ist gleichzeitig ein Teil der Geschichte seiner Bewohner. Dokumentiert wird diese Geschichte durch Möbel, Hausrat, Bilder und andere Gegenstände, die geeignet sind, eine Aussage zum Haus und seinen Bewohnern in einer bestimmten Zeit zu machen.

Oft ist es notwendig oder zweckdienlich, ein Einzelthema aus der Vielfalt dessen herauszugreifen, was zum Leben der Menschen auf dem Land gehörte. Das geschieht in Ausstellungen oder Vorführungen, die immer Ausschnitte aus einem größeren Zusammenhang sind.
Um dieser Aufgabe nachkommen zu können, legt das Museum eine Sammlung von Gegenständen an. Doch nicht allein das gegenwärtige Herzeigen von Dingen aus dem Landleben ist wichtig, es soll auch zukünftigen Generationen der Blick in die Vergangenheit ermöglicht werden. Zum Sammeln gehört untrennbar auch das Bewahren als eine der Hauptaufgaben eines jeden Museums. Dazu benötigt man wiederum geeignete Räumlichkeiten, die mit beitragen, dass das Sammelgut möglichst lange erhalten bleibt. Die Lichtverhältnisse, das Raumklima, der Platzbedarf, die Gefahr der Verschmutzung, Zerstörung oder Entwendung – das alles sind Faktoren, die bei der Anlage und dem Unterhalt eines Depots zu berücksichtigen sind.

Dokumentation

Nur mit der Aufbewahrung ist es aber im Bereich des Sammlungswesens noch nicht genug. Jeder Gegenstand im Museum stammt aus einem Zusammenhang und hat eine mehr oder weniger große Bedeutung für die Menschen, die mit ihm zu tun hatten. Es geht also in der Museumsarbeit auch darum, die Sammlungsbestände zu katalogisieren, zu beschreiben und ihre kulturelle oder geschichtliche Bedeutung herauszuarbeiten. Zu jedem Objekt soll eine Dokumentation angelegt werden, eine mühevolle, zeitraubende und vor allem auch ständige Arbeit, die von qualifizierten Mitarbeiterinnen und Mitarbeitern erledigt werden muß.

Von solchen Tätigkeiten merkt der Besucher in der Regel nichts oder nur wenig. Aber das Ergebnis davon sieht er in den eingerichteten Häusern oder in den Ausstellungen.

Ein modernes Konzept

All diese Gesichtspunkte sind Anforderungen an ein Museumskonzept nach den 1982 formulierten Vorstellungen des Verbands der europäischen Freilichtmuseen, welche durch die ständige Konferenz der Kultusminister der Länder in der Bundesrepublik Deutschland in ihren 1995 herausgegebenen Leitlinien und Grundsätzen für Freilichtmuseen bekräftigt werden. Und das ist noch nicht alles! Um ein möglichst ganzheitliches Bild von den landwirtschaftlichen Verhältnissen früherer Jahrzehnte und Jahrhunderte vermitteln zu können, legt das Museumspersonal bei den Häusern traditionelle Bauerngärten an, sät auf den Feldern alte Getreidesorten aus und pflegt und unterhält alte Haustierrassen. Dadurch kann der Besucher auf seinem Rundgang neben den bekannten Getreidearten auch Emmer, Einkorn

Die Sämaschine war Teil der mechanischen Errungenschaften, die ab der Mitte des 19. Jahrhunderts die Handarbeit ersetzten.

und Dinkel „in natura“ wachsen und gedeihen sehen, er bekommt Langstrohroggen oder ein Flachsfeld zu Gesicht, es begegnen ihm schwere Kaltblutpferde oder störrische Ochsen im Arbeitseinsatz, oder er kann neben einem Weg Ziegen oder Schafe auf der Weide beobachten. Gänse und Hühner suchen sich ihre Nahrung im Freien, selbst Schweine werden im Museum gehalten. Wie die historischen Anbausorten sind auch die alten Haustierrassen ein überkommenes Kulturgut, und so kommt es, dass der Besucher das alte Landleben im Freilandmuseum nicht nur mit dem Gesichts- und Gehörsinn, sondern auch mit dem Geruchssinn erleben kann – vor allem bei den Misthaufen! Und der Geschmackssinn kommt beim Erwerb der im Museum erzeugten Produkte auch nicht zu kurz.

Frei laufende Hühner und ein stolzer Gockel, wie dieser „rebhuhnfarbene Italiener“, gehörten früher zu jedem Bauernhof.

Das lebende Gedächtnis der Oberpfalz

Die Ergänzung und Bereicherung des Erlebnisses beim Eintauchen in die ländliche Kulturgeschichte erfährt der Museumsbesucher durch eine Reihe von Veranstaltungen aus Musik und Brauchtum sowie aus dem Arbeitsleben. Hier werden nach alten Methoden Getreide geerntet, Kartoffeln geklaubt, der Teich abgefischt und der Dreschflegel geschwungen. Kleinhandwerker, wie Holzschuh- und Rechenmacher, führen ihre Arbeiten vor, sogar ein Kohlenmeiler wird in Erinnerung an das früher so bedeutende Gewerbe der Köhlerei alle zwei Jahre entzündet. Dazu gibt es ein reichhaltiges Angebot mit Themen, bei denen die Besucher – vor allem die Kinder – selbst tätig werden können: Es gibt Kurse verschiedenster Art, alte Kinderspiele oder die Möglichkeit, in der historischen Kegelbahn eine ruhige Kugel zu schieben.

In Bezug auf die Landwirtschaft ist das Freilandmuseum Neusath-Perschen in der Tat das lebende Gedächtnis der Oberpfalz. Hier kann man Geschichte mit allen Sinnen erleben. Das Museumskonzept berücksichtigt in vorbildlicher Weise den Aspekt der Ganzheitlichkeit, wie er vom Verband der Europäischen Freilichtmuseen oder in den bayerischen Richtlinien zur Anlage eines Freilichtmuseums gefordert wird. Die von ihrem ursprünglichen Standort ins Museum

Muskelkraft und Konzentration sind bei Mannsbildern wie Alois Ringlstetter gefragt, wenn sie den Maibaum aufstellen.

übertragenen Gebäude stehen nicht für sich allein. Sie sind eingebunden in den Zusammenhang von Hof, Siedlung und Fluren. Bauwerke, Wege und Straßen stehen im Einklang mit der unter den Gesichtspunkten der traditionellen Landwirtschaft geformten Landschaft. Die hier arbeitenden Menschen und die untergebrachten Tiere erfüllen das Museum mit Leben. Die Bauformen, Gebäudeeinrichtungen, Arbeitsmethoden, Anbausorten und Haustierrassen sind das kulturelle Gedächtnis der landwirtschaftlich orientierten Oberpfalz. Dies gilt für die Besucher der Gegenwart, dies gilt aber auch im Hinblick auf die zukünftigen Generationen.

Der Gartenzaun aus Weidengeflecht entspricht einer Überlieferung aus dem Spätmittelalter. Er begrenzt den Hofraum beim „Paulerverl“ im Juradorf.

Beim „Erdäpfeltag“ im Museum legt Sepp Bauer eine Kartoffelmiete an. Darin bleiben die Knollenfrüchte den ganzen Winter über frisch, ohne einzufrieren.

Vorsicht ist bei der Annäherung von Mensch und Tier geboten – für beide Seiten! Gänse sind aufmerksame Wesen und können nicht nur schnattern.

EINGANGSBAUGRUPPE

1 Eingangsgebäude
2 Ausstellungen und Veranstaltungen
3 Hausmeister

STIFTLANDDORF

1 Denkenbauernhof aus Poppenreuth
2 Matzhof aus Ottengrün
3 Webergirglhaus aus Neualbenreuth
4 Hirtenhaus aus Poppenreuth
5 Straßenwärterhäuschen

NAABTALDORF

1 Schallerhof aus Trauschendorf
2 Scheune aus Neudorf
3 Scheune aus Braunetsrieth
4 Backofen
5 Glockenturm aus Denglarn
6 Kegelbahn aus Ottenzell
7 Schmiede aus Klardorf mit
8 Eisenlager
9 Scheune aus Brennberg
10 Geräteschuppen
11 Raiffeisenhalle aus Floß
12 Dreschstadel aus Niedermurach
13 Pferdestall

HUBEN, LEHEN UND SÖLDEN

DAS STIFTLANDDORF

Egerländer Fachwerk an schönen Giebeln aus der nordöstlichen Oberpfalz

Betritt der Besucher das Museumsgelände, so ist er möglicherweise überrascht von der Weitläufigkeit der Anlage. Der Weg in die Vergangenheit erschließt sich über den Nachbau einer historischen Landstraße. Schon Goethe lobte die „treffliche Chaussee" aus Granitsand, als er 1786 auf seiner Reise nach Italien von Eger über Waldsassen kommend ab Tirschenreuth eine Straße vorfand, die ihn „mit unglaublicher Schnelle" nach Regensburg vorwärts kommen ließ. Unsere „Chaussee" ist in ihrem Aufbau und Belag einer historischen Landstraße aus dem 19. Jahrhundert nachempfunden. Zu diesem Zweck wurden eigens Archivalien mit Angaben zum historischen Wegebau des 18. und frühen 19. Jahrhunderts ausgewertet und an der „Alten Neunburger Straße" bei Traunricht Querschnittgrabungen durchgeführt. Die daraus gewonnenen Erkenntnisse sind in die Anlage der Straße eingeflossen.

Rodungsdorf mit Waldhufen

Zwei Wege führen von dieser Landstraße in die erste Baugruppe des Museums, das sogenannte Stiftlanddorf. Es trägt seinen Namen vom Stift Waldsassen, das 1133 als Rodungskloster gegründet wurde und in der Folge bis zur Säkularisation im Jahr 1803 der ganzen Region – dem Stiftland – seinen Stempel aufgedrückt hat. Es war für die landschaftliche Entwicklung der nördlichen Oberpfalz von großer Bedeutung, haben doch die früheren Mönche im Mittelalter die Bauern innerhalb ihrer Grundherrschaft angeleitet, auch die Waldgebiete für die Landwirtschaft und den Siedlungsbau nutzbar zu machen.

Die Stube des Webergirglhauses diente auch als Werkstatt des hier ansässigen Webers. Die Wohn- und Arbeitsverhältnisse waren sehr beengt.

Das Modell eines solchen Rodungsdorfes der nördlichen Oberpfalz steht am Anfang unseres Rundganges durch das Museum. Es ist in der Form eines Angerdorfes angelegt, das vorerst nur halbseitig bebaut ist. Der Dorfanger mit dem Dorfteich und dem gemeindlichen Hirtenhaus bildet den zentralen Platz. Dieser Anger wird von einem Weg umrundet, an den sich die einzelnen Hofstellen anschließen. Sternförmig führen die Zugänge zu den Häusern, ebenso sternförmig verlaufen die Wege in die Fluren und Nachbardörfer vom Anger weg. An der südlichen Ringstraße sind derzeit noch zwei Hofstellen frei.

Gleichzeitig ist das Dorf als verkleinertes Modell einer Waldhufensiedlung angelegt, einer in der nördlichen Oberpfalz sehr häufig vertretenen Siedlungsform, die in den Rodungsphasen des hohen und späten Mittelalters entstanden ist. Zahlreiche Ortsnamen mit der Endung -reuth weisen in diesem Landstrich auf die damalige Rodungstätigkeit hin. Als Waldhufe bezeichnet man ein Grundstück, das sich unmittelbar hinter der Hofstelle bis an den Wald erstreckt und durch Rodung urbar gemacht worden ist. Die Äcker und Brachfelder des Bauern sind dabei nicht zerstückelt und über mehrere Stellen des Gemeindegebiets verteilt, sondern befinden sich als geschlossene Flur im direkten Anschluss an den Hof.

Maier, Huber und Häusler

Der dritte wichtige Aspekt bei der Anlage der Siedlung ist die Darstellung der ländlichen Sozialstruktur. So manche Familiennamen entstammen dem System der bäuerlichen Hierarchie seit dem frühen Mittelalter. Ein Maier z. B. war der Betreiber einer größtmöglichen Hofeinheit. Die nächst kleinere Kategorie war der „halbe" Hof oder die Hube. Von ihr leitet sich der in Bayern so viel verbreitete Name Huber ab. Die Viertelgröße eines Maierhofs wird als Lehen bezeichnet, sein Betreiber ist ein „Lehner" oder „Lechner". Die noch kleineren Einheiten, die ohne handwerklichen Zuerwerb nicht existenzfähig waren, waren die Inhaber einer „Sölde", eines „Gütls" oder eines „Häusls". Nach ihnen haben die Söldner oder Söllner, die Gütler und die Häusler ihre Namen.

Im Stiftlanddorf befindet sich neben dem Hof eines Großbauern ein kleineres „Lehen", dem ist ein Handwerkerhaus mit nur geringem landwirtschaftlichen Grundbesitz benachbart. Das Hirtenhaus oder „Hüthaus" auf dem Anger war die Unterkunft für den von der Gemeinde angestellten Hirten. Es diente gleichzeitig als Armenhaus des Dorfes.

Die zum Stiftlanddorf des Oberpfälzer Freilandmuseums gehörenden Fluren bestehen aus Gärten, Äckern und Wald. Auf den Äckern wird im südlichen Bereich die Dreifelderwirtschaft mit Brachland und im nördlichen Bereich die verbesserte Dreifelderwirtschaft mit dem Anbau von Hackfrüchten gezeigt. Ein Abschnitt ist in kleine Parzellen aufgeteilt, die der Saatgutgewinnung dienen, und die östliche Gemarkungszone stellt eine rekultivierte Waldweidefläche auf Gemeindegrund dar.

Der Denkenbauernhof

ganzer Hof aus Poppenreuth
Landkreis Tirschenreuth

Die mächtige Anlage des Vierseithofs mit fast quadratischem Grundriß wurde nach etwa fünfjähriger Bauzeit 1994 der Öffentlichkeit zugänglich gemacht. Das Anwesen stammt aus Poppenreuth im Landkreis Tirschenreuth nahe der böhmischen Grenze. Schon von weitem ist das Fachwerk im Haupt- und Nebengebäude erkennbar. Es gehört zum Einflussbereich des Egerländer Fachwerks als einer Bauweise, die sich im 18. Jahrhundert in den Dörfern rund um die Stadt Eger und das Stift Waldsassen herausgebildet hat und insbesondere durch den „schönen Giebel" einer ganzen Hauslandschaft ihren Stempel aufgeprägt hat. Signifikant sind in der Schauseite des Wohnstallhauses die stehenden Rautengitter unter den Fenstern, die durch die strahlenförmig nach außen führenden schräg gestellten Streben hervorgerufenen liegenden Rauten im Dachgeschoss und das Andreaskreuz im Obergeschoss. Dieses Fachwerk war vor dem Abtrag und der Übertragung ins Museum verputzt. Das erklärt die Einkerbungen in den Balken, die für eine gute Haftung des Putzes sorgen sollten. Ursprünglich lag das Fachwerk offen. Das bezeugen die Schnitzereien und Rötelzeichnungen an den Eckpfosten des Giebels, die reine Zierelemente darstellen.

Der Hof setzt sich zusammen aus dem schon genannten Wohnstallhaus, einer parallel dazu angeordneten Scheune und zwei querstehenden Remisen oder „Schupfen", wie sie im Volksmund genannt werden. Das dicke Mauerwerk besteht aus Bruchsteinen. Mit Ausnahme der südlichen Remise sind alle Dächer mit Keilnutschindeln

gedeckt. Diese Art der Dachdeckung war im Stiftland bis zur Ablösung durch das Ziegeldach im Verlauf des 19. und 20. Jahrhunderts vorherrschend.

Das Wohnstallhaus ist durch eine Haustür und eine Stalltür in der Traufseite zum Hofraum begehbar. Im Wohnteil nimmt links vom Fletz die Stube die ganze Breite des Hauses ein. Ihr

gegenüber liegt rechts der Stall, geradeaus geht es in die „Rußkuchl", wie der Raum für die bis in die zweite Hälfte des 19. Jahrhunderts gebräuchliche offene Feuerstelle bezeichnet wird. Im Obergeschoss befinden sich über der Stube die ehemalige Schlafkammer, jetzt als Ausstellungsraum genutzt, eine Abstellkammer und über dem Stall ein Speicher, der im Museum als Mehrzweckraum dient.

Der Stall ist mit einer Ausstellung zum Thema „Der Bauer und sein Ross" ausgestattet. Die Scheune enthält eine Schausammlung mit landwirtschaftlichen Geräten. In den beiden Remisen wurde eine Ausstellung über das Egerländer Fachwerk installiert. Ein Hühnerstall und ein Maschinenhaus unter der nördlichen Remise sowie ein Taubenhaus aus Hundsbach bei Waldsassen komplettieren die Hofanlage.

Das kleine Bild zeigt den Denkenbauernhof vor der Übertragung ins Museum. Das Fachwerk ist verputzt, der Hof heruntergekommen. Seit 1994 thront der mächtige Vierseithof mit seinem schönen Taubenhaus im Innenhof weithin sichtbar im Gelände des Freilandmuseums.

Geschichte des Hauses

Der Gründungsbau des 1862 stark veränderten Wohnstallhauses stammt aus dem Jahr 1766. Etwa zeitgleich wurden die Scheune und die beiden Remisen errichtet. Damals war das Anwesen im Besitz der Familie Eckert (oder Eckart), die seit 1718 unter den sieben Bergbauern von Poppenreuth archivalisch nachgewiesen sind. Bis 1879 blieben die Eckert auf dem Hof. Trotz dieser langen Familientradition haftet an dem Hof der Hausname „Denkenbauer", wie aus einem Eintrag aus dem Jahr 1841 ersichtlich wird.

Um 1860 gehörten zum Hof mehr als 228 Tagwerk Grund, 3 „rote" Kühe (der Vogtländer Rasse), 2 Kalbinnen, 2 Ochsen, 4 Rinder zwischen 1 und 3 Jahren, 2 Schweine, dazu noch Hühner und Gänse. In der Folge verkleinerte sich der Besitz. Nach wirtschaftlichen Schwierigkeiten verkauften 1879 Joseph und Theresia Eckert ihren Hof an die Weidener Kaufmannsbrüder Leopold und Feischl Englmann, welche die Gesamtmasse aufteilten und weiterverkauften. Die Gebäude und etwas mehr als 40 Tagwerk Grund gingen an Karolina und Anton Kaiser aus Mähring. Mehr als hundert Jahre später, im Jahr 1985, verkaufte Erika Kaiser die Hofanlage mit dem jetzigen Hausnamen „Gouglhans" an den Bezirk Oberpfalz zum Abtrag und Wiederaufbau im Museum.

Im Oberpfälzer Freilandmuseum ist der Bauzustand des Denkenbauernhofs für die Zeit um 1865 rekonstruiert, als der Hof noch in voller wirtschaftlicher Blüte stand. Er repräsentiert den Typ eines „ganzen" Hofes, wie er in der spätmittelalterlichen Steuerklassifizierung bis zum Beginn des 19. Jahrhunderts einzuordnen war. Nach der als „Hoffuß" bezeichneten Ordnung durften ein „ganzer Hof" 3 bis 5 „Rosse", ein „halber Hof" (Hube) 2 „Rosse" und ein „Viertelhof" (Lehen) 1 Ross halten. Mehr als 5 Pferde zu besitzen war den Bauern nicht gestattet. Die wirtschaftlich und sozial unter den Bauern stehenden Gütler, Söldner oder Häusler durften und konnten keine Pferde besitzen.

Die Zeit bleibt stehen bei der Reise in die Vergangenheit des ländlichen Lebens mit bäuerlicher Selbstversorgung.

Da aus dieser Zeit wenige authentische Bau- und Einrichtungsteile überliefert sind, findet der Besucher im Inneren manche idealtypischen Ergänzungen vor.

Über die ganze Hausbreite erstreckt sich die Stube des Großbauernhofs. Vom jüngsten bis zum ältesten Bewohner bietet der Raum Platz zum Leben innerhalb der Großfamilie und der Dienstboten. Unverzichtbar ist der Herrgottswinkel im Außeneck und der Kachelofen zur Hausmitte.

Der Matzhof

Viertelhof aus Ottengrün
Landkreis Tirschenreuth

Die unregelmäßige Vierseitanlage ist deutlich kleiner als der benachbarte Denkenbauernhof. Wohnstallhaus, Scheune und die anschließende Remise sind im rechten Winkel zueinander angeordnet, wogegen der südliche Schupfen mit dem Hoftor, dem Schweine- und Hühnerstall von dieser strengen Regelung abweicht. Im Hofraum befindet sich ein Brunnen, der am ursprünglichen Standort 5,50 m tief war. Die hintere Stadeldurchfahrt ermöglicht die Bewirtschaftung der unmittelbar an den Hof anschließenden Waldhufe ohne Benützung der Dorfstraße.

Der Hof stammt aus dem Rodungsdorf Ottengrün im östlichen Stiftland und zeigt unverkennbare Bezüge nach Böhmen. Es sind dies das Egerländer Fachwerk im Dachgiebel des Hauses und die runden Balken im Blockbau des Erdgeschosses, deren Fugen mit weißgekalktem Lehm abgedichtet sind und einen deutlichen Kontrast zu dem dunklen Holz ergeben. Dieses zweite im Stiftland seltene Stilelement ist im historischen Baubestand des gesamten innerböhmischen Bereichs und in den Hauslandschaften der Umgebindehäuser Nordböhmens und Sachsens an der Tagesordnung und auch vereinzelt im Pilsener Becken sowie im Egerland vertreten. Das Haus ruht auf einem Sockel aus Bruchsteinmauerwerk. Es war ursprünglich im Erdgeschoss ein durchgehender Blockbau, doch wurde der Stall später durch Bruchsteinmauerwerk ersetzt. Auf dem Erdgeschoss liegt eine für die Egerländer Bauweise typische zusätzliche Balkenlage, die dem Dachgeschoss mehr Raum gibt. Das Giebeldreieck ist zur Straße hin als „Egerländer Fachwerk" mit stehenden und liegenden Rauten gestaltet. Auch die kräftige Farbgebung mit den Kontrasten zwischen den dunklen Balken und den ockergelben Putzflächen gehört zu dem farbenfrohen Stil der stiftländisch-egerländer Hauslandschaft. Das ursprünglich schindelgedeckte Satteldach wurde mittlerweile mit Biberschwanzziegeln gedeckt.

Im Dorfteich auf dem Anger spiegeln sich die Häuser des Stiftlanddorfs. Die sommerliche Idylle zeigt Gebäude unterschiedlicher sozialer Zuordnung aus der nördlichen Oberpfalz. Das frühere Leben darin war reich an Arbeit und im Vergleich zu heute auch reich an Entbehrungen.

Das einraumtiefe Wohnhaus wird wie der Stall durch eine Tür von der Hofseite her erschlossen. Der Fletz, auch „Haus" genannt, führt in die Stubenkammer, in die Rußkuchl mit Backofenanbau, in den Stall und über eine Holztreppe in die Dachkammer. In diesen wenigen Räumen lebten nach dem Zweiten Weltkrieg im Erdgeschoss eine dreiköpfige Familie und im Dachgeschoss der Bruder des Besitzers. Sie bewirtschafteten 26 Tagwerk und besaßen 3 Kühe, 4 Ochsen, 2 Kälber, 3 Schweine und Federvieh.

Geschichte des Hauses

Die Hofanlage wurde in dieser Form zu Beginn des 18. Jahrhunderts errichtet. Voraus gingen Vorgängerbauten, die durch Sondierungsgrabungen mit Keramikfunden aus dem 14. Jahrhundert belegt sind. Vielleicht gehörte das Anwesen zu den 1395 archivalisch nachgewiesenen dreizehn Höfen in Ottengrün, die im Kriegsfall der Stadt Eger dienstbar waren. 1702 wurde der südliche Schupfen neu gebaut, 1729 das Wohnstallhaus anstelle des Vorgängergebäudes errichtet und 1782 die Scheune dazugestellt.

Die Bewohner werden erstmals 1787 urkundlich fassbar: es sind der 1752 geborene Joseph und Maria Markoff mit fünf Kindern, von denen zwei im Säuglingsalter starben. Im Jahr 1800 verkaufte Joseph Markoff – wohl nach dem Tod seiner Familienangehörigen – den Hof an Wolf Adam Mathes Weithaas aus Albenreuth und blieb als Austrägler im Haus. Von den vier Nachkommen der Familie Weithaas starben zwei im Kindesalter. 1816 wurde das Haus grundlegend umgebaut: die gesamte Stube wurde erneuert und neu gedeckt und der Stall wurde um

Die Bauerngärten sind Franziska Forsters Reich. Stolz präsentiert sie die Krautköpfe im Korb.

ca. 2,50 m verlängert. Von der Maßnahme kündet noch die Inschrift „A 1816“ im Deckenbalken der Stube. Zu dieser Zeit ging der Hof an den Kaspar Weithaas, den Sohn von Mathes Weithaas über. Mathes starb 1818. Auf ihn geht wohl der Hausname „Matz“ zurück, der im Urkataster von 1849 für die Hofstelle angegeben ist. Sie bestand damals aus Wohnhaus, Stall, Stadel, 2 Schupfen und Hofraum und einem bewirtschafteten Grund von 25,74 Tagwerk.

Schon vor 1846 erwarb ein Wolfgang Sommer das Anwesen. Der Besitzstand blieb erhalten. Bewohnt wurde das Haus um die Mitte des 19. Jahrhunderts von dem Mieter (Inwohner) Thomas Zapf mit seiner fünfköpfigen Familie. Über mehrere Generationen sind die Mitglieder der Familie Sommer als Eigentümer nachgewiesen. Vermutlich haben sie das Haus schon nach dem Tod des Thomas Zapf wieder selbst bewohnt. Der letzte „Bauer“ Georg Sommer starb 1964. Neben seinem landwirtschaftlichen Beruf war er auch als Binder und Schäffler tätig. Seine Tochter Margarethe bewirtschaftete das Anwesen noch bis 1978, dann erwarb der Bezirk Oberpfalz die einsturzgefährdeten Gebäude für das Oberpfälzer Freilandmuseum.

Hier ist es mit weitgehend originaler Ausstattung im Wohnhaus für die Zeitstellung der späten fünfziger und frühen sechziger Jahre des 20. Jahrhunderts wieder errichtet worden. In der 1989 aufgestellten westlichen Remise sind Geräte zum Kartoffelanbau untergebracht. Die Oberpfalz gehört zu den Gebieten mit dem frühesten landwirtschaftlichen Kartoffelanbau in Deutschland. Schon um 1690 sind die „Erdäpfel“ auf den zehentpflichtigen Bauernhöfen in Wiesau, Speinshart, Pullenreuth und Falkenberg eingeführt worden. Ihre rasche Verbreitung hat die Ernährungslage der Menschen in der mit Getreide nicht gerade gesegneten Oberpfalz entscheidend verändert und für die Landwirtschaft eine so große Bedeutung erlangt, dass für die Oberpfalz schon der Begriff der „Erdäpfelpfalz“ geprägt worden ist.

Oben: Der Handziehwagen ist für vielerlei Transporte gut, ob für Kleinholz, Weidenruten oder anderes.
Mitte: Kaum noch bekannt ist die Tradition aus Waldthurn und Umgebung im Osten des Landkreises Neustadt a. d. Waldnaab, am Christbaum rote Äpfel am Stamm zu befestigen. Genauso war es früher auch im benachbarten südlichen Egerland.
Unten: Am „Erpfltogh“ werden die Kartoffeln im Museum geerntet. Sie verdienen den Zusatz Öko- und geraten hier besonders gut. Gerne genießen die Besucher das Erlebnis des Geschmacks von der nahrhaften Knolle aus der „Erdäpfelpfalz“.

Die weiß gekalkten Fugen im Blockbau des Erdgeschosses dokumentieren den böhmischen Einfluss in der Bauweise des Matzhofes. Er stand ursprünglich in Ottengrün bei Neualbenreuth in der „Fraisch“, einem historischen grenzübergreifenden Kulturraum rund um Waldsassen und Eger. Der Giebel enthält egrisches Fachwerk mit Umschrot und liegenden und stehenden Rauten.

Der Webergirgl

Handwerkerhaus aus Neualbenreuth
Landkreis Tirschenreuth

Den Abschluß der nördlichen Häuserzeile im Stiftlanddorf bildet ein kleines Anwesen, das traufseitig zum Dorfanger steht und seinen Schmuckgiebel im Egerländer Fachwerkstil auf den von hier ausgehenden Hauptweg ins Waldlerdorf ausrichtet. Sein Herkunftsort ist Neualbenreuth, das historisch zur sogenannten „Fraisch" gehörte, einem Gebiet im bayerisch-böhmischen Grenzraum, dessen Grundherrschaft jahrhundertelang das Stift Waldsassen und die Stadt Eger im jährlichen Wechsel ausgeübt haben. Obwohl die Geschichte des Hauses und seiner Bewohner ärmliche wirtschaftliche Verhältnisse erahnen lassen, wird bei diesem Gebäude die repräsentative Schönheit des Egerländer Fachwerkbaus besonders deutlich vor Augen geführt. Die kontrastreiche Färbung von Rautenfachwerk und Ausfachung, die Farbtupfer der Zierholznägel und die Schablonen in der als „Umschrot" bezeichneten Balkenlage über dem Erdgeschoss geben dem Bauwerk ein malerisches Aussehen. Auffällig ist die halbseitige Erhöhung des Dachgeschosses, das straßenseitig ein oberes Stockwerk bildet, während das Haus zur abgewandten Seite mit dem Umschrot abschließt. Eine solche Bauform wird als eineinhalbstöckig oder einhüftig bezeichnet. In Anlehnung an ein männliches Kleidungsstück nennt man das asymmetrische Dach auch „Frackdach".

Das schindelgedeckte Weberhaus ist ein Schmuckstück des egrischen Fachwerkbaus. Hier vereinen sich einfache Lebensweise und Liebe zu Form und Farben.

Unter dem Putz verbirgt sich im Erdgeschoss ein Blockbau, der auf einem Sockel aus Bruchsteinmauerwerk ruht. Es verfügt über einen Keller und eine gewölbte gemauerte Küche.

Auch im Inneren wurde auf Dekoration viel Wert gelegt, vor allem im Obergeschoss. Man betritt das Haus, wie im Stiftland üblich, an der Traufseite und gelangt rechts in die Weberstube, welche die ganze Hausbreite einnimmt. Gegenüber liegt der Stall, der vom Haus und von der Straße her betreten werden kann. Fast die Hälfte des Fletzbereichs wird durch den Einbau der Rußkuchl belegt. Eine Holztreppe führt nach oben in eine Prachtkammer, der unter dem abgeschleppten Dach eine schmale weitere Kammer angefügt ist. In dieser großen Kammer fallen an der Decke und an der Wand Freskomalereien auf. Sie stellen die vier Jahreszeiten dar, zeigen das typische Egerländer Vogelmotiv und eine Madonna mit Kind in einem grünenden (Hasel-)strauch, wie sie dem Gnadenbild aus dem Wallfahrtsort Maria Kulm im Egerland entspricht. Damit wird wieder die enge Beziehung der Fraisch mit dem Egerland offensichtlich.

Gegenüber der Prachtkammer, über der Rußkuchl und im Dachgeschoss liegen je eine weitere Kammer. Sie bezeugen die intensive Nutzung des Hauses als Wohnraum für viele Personen. Zu der für das Museum gewählten Zeitstellung von ca. 1825 lebten im Erdgeschoss die Familie eines Webers, in der Prachtkammer die Erbauer des Hauses und ihnen benachbart im Dachgeschoss noch sogenannte „Inwohner", wie man die Mietparteien früher nannte.

In Neualbenreuth lebten in der ersten Hälfte des 19. Jahrhunderts insgesamt acht Weber von ihrem Handwerk, doch war das Gewerbe aufgrund der billigen Importmöglichkeiten an Leinen, Baumwolle und Wolle im wirtschaftlichen Abstieg begriffen.

Geschichte des Hauses

Das Haus ist 1793 von dem Webermeister Georg Adam Joseph Schnurrer an der Stelle eines Vorgängergebäudes neu errichtet worden. Der vorherige Besitzer des Anwesens war Johann Matthäus Schnurrer, ebenfalls Webermeister und seit 1739 in Neualbenreuth nachgewiesen. Beim Neubau durch seinen Sohn zog er „in den Austrag" unter das Dach. Die Familie des Georg Adam Joseph Schnurrer, zu der zwölf Kinder gehörten, lebte und arbeitete damals im Erd-

Bis ins Detail, wie hier im Türblatt, erkennt man das Schönheitsempfinden der früheren Bewohner und die Kunstfertigkeit der Handwerker.

geschoss. Zu dieser Zeit war von der Stube durch eine einfache Holzwand noch eine kleine Kammer abgetrennt, die Nebenkammer im Obergeschoss und die Kammer im Dachgeschoss gab es noch nicht. Drei der Kinder starben im jungen Alter, die anderen mussten schon frühzeitig zu den Bauern „in Dienst".

Mit im Haus wohnte als „Inwohner" die Familie des Schuhmachermeisters Josef Hebert. Er hatte seine Werkstatt im Stalltrakt untergebracht. Alle zusammen teilten sich die Benutzung der Rußkuchl und des Aborthäuschens.

Zwischen 1812 und 1817 ging das Anwesen in den Besitz von Lorenz Schmidkonz, einem Verwandten der Schnurrer. Von ihm erwarb 1817 der Webermeister Georg Döllinger das Haus, zog mit seiner Familie ein und führte in der Folge kleinere Umbaumaßnahmen durch. Der Verschlag in der Weberstube wurde entfernt, dafür die Nebenkammer über der Rußkuchl eingefügt; der Stubenofen wurde als Vorderladerofen neu errichtet und die Schuhmacherwerkstatt aus dem Stall herausgenommen. Das Obergeschoss erhielt eine Treppe in den Dachraum, wo eine weitere Kammer eingerichtet wurde, und einen eigenen Ofen. Vermutlich geht auf Georg Döllinger der Hausname „Webergirgl" zurück, der 1851 im Kataster der Gemeinde Neualbenreuth für das Wohnstallhaus angegeben wird.

Oben: Man ist erstaunt, in einem einfachen Haus wie dem „Webergirgl" ein solch kunstvolles Wandfresko zu finden.
Mitte: Hopfen und Malz in der „oberen Pfalz": Früher gab es an vielen Orten kleinere Hopfengärten.
Unten: Im Stiftland hat man oft runde Holzstöße errichtet. Auch das ist eine Kunst für sich.

Das geringe Handwerkereinkommen machte für die Weber eine ständige Untervermietung des knappen Wohnraums notwendig. 1848 ist mit Willibald Puchner auch ein königlich-bayerischer Zolleinnehmer als Hausbewohner nachgewiesen.

Der Niedergang der Hausweberei zwang die Besitzer 1853 zur unfreiwilligen Aufgabe ihres Hauses. Es wurde von dem Tagelöhner Ulrich Clement aus Neualbenreuth ersteigert, womit sich der Neueigentümer das Recht zur Niederlassung und zur Gründung eines eigenen Hausstandes erwarb. Es folgten mehrere weitere Verkäufe und Besitzerwechsel, bis 1913 die bisherigen Mieter Ferdinand und Margarethe Plobner das Anwesen erkauften. Ferdinand Plobner war Maurer, er starb bereits 1928. Seine Frau Margarethe blieb bis zu ihrem Tod 1965 im Haus. Sie verdiente ihr Geld durch Botengänge zu Fuß nach Waldsassen und nach Eger, so lange die politischen Verhältnisse es zuließen. Nach ihr wurde der vormalige „Webergirgl" im Dorf nun „Plobnerhaus" genannt.

Nach mehreren erfolglosen Sanierungsversuchen wurde das Gebäude 1977 vom Bezirk Oberpfalz für das Freilandmuseum erworben und bis 1983 dorthin übertragen.

Auch im Winter erscheinen die alten Häuser wohnlich und versprechen Behaglichkeit. Draußen ist die Luft klar und trocken und der „böhmische" Wind pfeift durch das Geäst. Jetzt drinnen beim Kachelofen sitzen ...!

Die beiden Trachtler mit der Arbeitsschürze führen vor, wie ihre Groß- und Urgroßmütter die Wäsche im Holzschaff gestampft haben. Damals hatten die Frauen allerdings zur Arbeit keine Tracht angelegt.

Ursprünglich stand das Haus des Rinderhirten auf dem Dorfanger von Poppenreuth im Osten des Landkreises Tirschenreuth. Im Volksmund wird dieser Haustyp auch als „Wendenhaus“ bezeichnet.

Am 15. August ist der „Frauentag“. Monika Kleierl und Rita Fleischmann vom Frauenbund Nabburg sitzen auf dem Gredbankerl vor dem Hirtenhaus und binden traditionelle Kräuterbüschl und Kränze.

Das Hirtenhaus

aus Poppenreuth
Landkreis Tirschenreuth

Inmitten des Dorfangers steht das gemeindeeigene Hirtenhaus als Wohnstallhaus, dem ein Schupfen angegliedert ist. Am ursprünglichen Standort gehörte zu dem Anwesen noch ein Backofen außerhalb des Hauses, der mit den Bewohnern eines danebenliegenden zweiten Hirtenhauses geteilt werden musste.

Alle Funktionsräume mit Ausnahme des Aborthäuschens sind hier unter einem Dach: Wohnung, Stall und Schupfen. Auf dem Sockel aus Bruchsteinmauerwerk liegt ein weiß gekalkter Blockbau, nur der Schupfen besteht aus einer Ständerkonstruktion. Das relativ steile Satteldach ist mit Nutschindeln gedeckt. Im Volksmund heißt dieser in der nördlichen Oberpfalz häufig vertretene Haustyp „Wendenhaus", was auf kulturhistorische Zusammenhänge mit den slawischen Nachbarn hinweist.

Der Zugang in Wohnteil und Stall erfolgt traufseitig im Süden. Vom Fletz gelangt man geradeaus in die Rußkuchl. Links vom Eingang liegt der Stall, dahinter ist der Zugang zu einer Kammer. Rechts liegt die Stube, die, wie in der nördlichen Oberpfalz üblich, die ganze Breite des Hauses einnimmt. Eine Holztreppe führt vom Fletz ins Dachgeschoss, wo eine weitere Kammer eingerichtet ist. Der kleine Stall hat gerade Platz für zwei Ziegen, die zum Besitz des Hirten gehörten, und der Schuppen reicht kaum für das wenige Gerät und die Vorräte zur Fütterung der Ziegen im Winter.

Ein Fenster in eine Blockwand einzufügen bedeutet eine Störung der Statik. Nicht nur aus diesem Grund waren früher die Fenster klein und eher quer- als hochrechteckig.

Geschichte des Hauses

1785 wurde das Haus als Unterkunft für den gemeindlichen Rinderhirten in der unmittelbaren Nachbarschaft des Schafhirtenanwesens erbaut. Der Hirtenberuf ist archivalisch in Poppenreuth seit 1560 nachgewiesen, sicherlich befanden sich aber schon wesentlich früher Hirten im Ort. Als Wohnung ist bei ihnen stets ein Herbergs- oder Leerhaus genannt, in dem sie als sogenannte „Inwohner" lebten.

Mit der Taufe der Katharina Böhm, Tochter des Johannes Michael Böhm und seiner Frau Apollonia, trat 1705 die Hirtenfamilie Böhm ins Licht der Geschichte. 1754 heiratete der Hirtensohn Jakob Spitzl aus Matzenreuth in diese Familie ein und begründete die Hirtenfamilie Spitzl in Poppenreuth. Seine Tochter Maria Catarina ehelichte 1788 den verwitweten Hirten Johannes Adam Gaderer aus dem Nachbaranwesen und lebte mit diesem im Hirtenhaus. Sie führten weiterhin den Familiennamen Spitzl.

Viele Bewohner erlebte das kleine Haus. Familien mit Kindern, dazu die Großeltern und darüber hinaus nicht selten Tagelöhner und verarmte weitere Dorfangehörige teilten sich den engen Raum. 1873 wurde es umfassend renoviert: Die Kammer im Dach wurde samt dem dortigen Kachelofen abgebrochen, die Blockwände des Stalls wurden erneuert und der Ziegenstall eingerichtet. Die strukturellen Veränderungen in der Landwirtschaft machten allmählich den Beruf des Rinderhirten überflüssig. Schon Mitte des 19. Jahrhunderts ging der Hirte dem Nebenberuf des Schneiders nach, ein späterer verdiente sich als Nachtwächter ein Zubrot.

1917 bezogen Wenzel und Theres Brunner mit fünf Kindern das Häuschen, wo in den folgenden Jahren noch drei weitere Kinder geboren wurden. Wenzel war von Beruf Bauarbeiter, seine Frau hütete nur noch die Gänse des Dorfes. Eine ihrer Töchter erwarb 1960 von der Gemeinde das Haus als Eigenbesitz und lebte dort bis 1979.

Im Oberpfälzer Freilandmuseum ist das Anwesen in der Zeitstellung um 1925 wieder aufgebaut und eingerichtet worden. Überdeutlich sind die beengten Lebensverhältnisse nachvollziehbar, wenn man sich die zehnköpfige Familie dort vorstellt.

DAS WALDLERDORF

Häuser aus „Hoiz“ und „Stoa“ aus dem Vorderen Bayerischen Wald

Der Weg vom „Stiftlanddorf“ zur Siedlungsgruppe „Waldlerdorf“ geht an einem Birkenwäldchen mit Ziegen- und Rinderhutung und einer landwirtschaftlichen Anbaufläche für Beispiele der verbesserten Dreifelderwirtschaft vorbei. Bereits in der nachgestellten Gemarkung des Waldlerdorfes sind auf einem Acker verschiedene Getreidesorten zu Demonstrationszwecken ausgesät. Die unterschiedlich großen Streifen- und Blockfluren liegen nicht wie im Stiftlanddorf im unmittelbaren Anschluss an die Hofstelle, sondern entsprechen der im Bayerischen und Oberpfälzer Wald vorherrschenden Gemengelage.
Am Waldrand steht ein Steinkreuz aus Katzbach bei Cham, dessen Ritzzeichnungen ins 14. Jahrhundert weisen. Der Sage nach soll an der Stelle, an der das Kreuz bis 1964 gestanden hat, ein Ritter durch ein Unglück den Tod gefunden haben. Bevor der Ortsverbindungsweg nach Süden abbiegt, geht am Waldrand entlang ein Pfad zu einem bevölkerten Bienenhaus, das aus Kothmaißling im Landkreis Cham stammt und 1987 ins Museum kam. Nach Aussage der letzten Besitzerin Angela Hagn wurde das Häuschen 1929/30 von ihrem Vater, dem Schreiner und technischen Zeichner Anton Hagn selbst erbaut und bemalt. Bis 1970 stand es am Waldrand, dann wurde es in den Hausgarten versetzt. Im Museum steht es wieder am Waldrand und ist wegen der Bienenhaltung in einiger Entfernung von den Besucherwegen abgesondert.

„Überkämmungen“ heißen die Eckverbindungen in der Fachsprache. Sie sorgen für einen festen Halt. Aber welche Schönheit steckt doch auch in den Linien, Formen und Farben des Holzes, unabhängig von den Rötelzeichnungen der Handwerker!

Am Dorfrand unseres Waldlerdorfs befindet sich an einem Gartenzaun ein Bildstock aus Neukirchen b. Hl. Blut. Auf dem steinernen Pfeiler ruht ein kapellenförmiges Kopfstück, das als Darstellung das Gnadenbild des Wallfahrtsortes zeigt: die Statue der Muttergottes mit dem Jesuskind, aus deren Haupt nach der versuchten Spaltung durch einen Hussitenkrieger das Blut hervortritt. Zwei am Kolbeckhof angebrachte Totenbretter erinnern an die volkskundliche Bedeutung des Bayerischen Waldes im Zusammenhang mit diesem Brauchtum. Die dortigen Totenbretter sind senkrecht aufgehängt oder aufgestellt, während sie in anderen Regionen waagrecht übereinander angeordnet waren.

Das Waldlerdorf ist als Modell eines Straßendorfes gestaltet. Die Hofstellen sind links und rechts des Hauptweges aufgereiht und werden von dort aus erschlossen. Etwa rechtwinklig zur gewundenen Dorfstraße liegen die Flurstreifen quer zum Geländehang. Sie sind als Terrassenäcker angelegt, deren Stufenraine der Bodenerosion entgegenwirken.

Die Häuser unterscheiden sich von denen des Stiftlanddorfes dadurch, dass sie kein Fachwerk enthalten. Die Hauslandschaft des Bayerischen Waldes mit seinen nördlichen Anteilen im Oberpfälzer Wald ist durch seinen Blockbau gekennzeichnet. Er wird auch oft „Schrotbau“ genannt. In der Dachform überwiegt zahlenmäßig das flache Legschindeldach, doch kommen durchaus auch steile Dächer mit Halbwalm oder Krüppelwalm vor. Sie gehören zum Kreis der Böhmerwaldhäuser, die in der benachbarten Region östlich der bayerisch-böhmischen Grenze vorherrschen. Es zeigt sich hier wie im Stiftland ein grenzübergreifender Bezug in der historischen Baukultur.

Vor dem Abtrag diente der Getreidekasten aus Göttling als Taubenhaus. Ein schöner Platz für die Vögel, wenn noch Körner vorhanden waren!

Das Inhaus

aus Auenzell
Landkreis Straubing-Bogen

Ein „Inhaus“ (in älteren Schreibungen auch „Innhaus“, jedoch ohne Bezug zum Fluß Inn) ist im Bayerischen Wald der Begriff für ein Gebäude, das als Austragshaus oder Mietshaus für bäuerliche Unterschichten genutzt wird. Es ist ohne eigenen Grundbesitz einer Hofstelle zugeordnet, stellt aber dennoch eine selbstständige Wirtschaftseinheit mit Wohnteil, Stall, Stadel und gelegentlich auch Backofen dar. Die Bewohner eines Inhauses nannte man „Inleute“ oder „Inwohner“. Sie sind annähernd mit Untermietern vergleichbar und waren darüber hinaus im 19. Jahrhundert mit allen Familienmitgliedern von dem Bauern abhängig, zu dem das Inhaus gehörte. Sie hatten für ihn Leistungen in Form von Arbeit und Geld zu erbringen. Der Bauer konnte nach Belieben die Inleute aufnehmen oder kündigen. Da ein Insasse nach acht Jahren Heimatrecht in der Gemeinde erhielt, wurde von den Bauern meist darauf geachtet, dass das „Mietverhältnis“ vor Ablauf dieser Frist aufgelöst wurde. Entsprechend der sozialen Stellung im ländlichen Gemeinwesen zeigt der Grundriss des Inhauses nur wenig Raum für relativ viele Bewohner. Man betritt das Gebäude traufseitig und gelangt in den Fletz. Im Gegensatz zur nördlichen Oberpfalz wird hier die Breite des Hauses von zwei Räumen bestimmt. So reichen der Fletz und die sich gegenüberliegenden Gebäudeteile Stube und Stall nur wenig über die Hausmitte, dann schließen sich zwei Kammern und ein dazwischen liegendes „Stüberl“ an, das vielleicht zu Zeiten der Baugründung als Rußkuchl gedient hat. In der Stube befindet sich die Herdstelle. In diesem Raum spielt sich das häusliche Leben mit Ausnahme des Schlafens ab. Über die giebelseitige Kammer kann ein Kellerraum erschlossen werden. Durch den Fletz gelangt man auch in das schon genannte Stüberl und von dort in eine weitere Kammer.

Der Stall kann vom Fletz und durch einen eigenen Zugang von der Straßenseite betreten werden. Er bietet nur wenig Platz. Der Stadel besteht aus einer Durchfahrtstenne und einem „Viertel“ zur Einlagerung von Heu und Stroh.

Geschichte des Hauses

Walburga Pätzl, Witwe des 1765 verstorbenen Vitus Pätzl, verkaufte 1780 ihren „ganzen Hof“ mit 110 Tagwerk Grund an Johann Schambeck und errichtete sich außerhalb des Hofes das beschriebene Gebäude als Austragshaus. Zu dieser Zeit war der Stall noch nicht vorhanden. Ob der 1955 abgebrochene Backofen außerhalb des Hauses der Gründerzeit oder einer späteren Phase zuzuordnen ist, ist nicht mehr zu ermitteln. Nach dem Tod der Walburga Pätzl gehörte das Gebäude der Familie Schambeck. Es wurde 1807 erstmals renoviert und diente fortan als Inhaus. Da die Inwohner nicht in den Grundbesitzerverzeichnissen eingetragen sind, sind ihre Namen archivalisch kaum ermittelbar. 1856 erwarben die zugereisten Häuslerseheleute Josef und Maria Santl aus Schofberg bei Altötting das Inhaus und lösten es mit Gras- und Baumgarten sowie einem Backhaus aus dem vormaligen Hofverband aus. Josef Santl ging dem Schuhmacherhandwerk nach. Er sorgte auch für eine grundlegende Umgestaltung im Inneren. Die Stubenwand und der Stubenofen wurden neu errichtet, im Stüberl wurde ein eigener Ofen eingebaut. Es ist davon auszugehen, dass Josef Santl auch seine Werkstatt in der Stube eingerichtet hat. 1866 wurde Catarina Schaller als im Haus lebende Dienstmagd aufgeführt. 1871 erhielt das Dach eine neue Legschindeldeckung, wobei die Schindeln von Ludwig Santl aus Auenzell, einem Verwandten der Besitzer, hergestellt worden sind.

Ein Schmuckstück von Türe an dem sonst einfachen Gebäude aus dem Vorderen Bayerischen Wald. „PW“ steht über der hölzernen Eingangstür zwischen der Jahreszahl für die Erbauung des Hauses. Dahinter verbirgt sich die Witwe Walburga Pätzl.

Ein „Inhaus“ ist immer einer anderen Hofstelle zugeordnet. Es war Wohnung für die Austragsbauern oder für „Inleute“, das sind Dienstleute, die zeitlich befristet auf dem Bauernhof mitarbeiteten.

1880 erwarb Georg Maier das Anwesen und veräußerte es im gleichen Jahr an die Häuslerfamilie Josef und Maria Semmelmann, dabei wurde das Grundstück noch um 1,88 Tagwerk erweitert. Josef Semmelmann arbeitete im Sommer als Tagelöhner in der Landwirtschaft und im Winter als Holzfäller in den Wäldern des Fürsten von Thurn und Taxis. Von seinen vier Kindern starben zwei schon sehr früh. Um 1883 führte er einige Umbaumaßnahmen durch, die das Gebäude im Inneren veränderten. Die Familie Semmelmann nahm als Inwohner das Ehepaar Joseph und Maria Sagmeister auf. Sie nutzten vermutlich die Kammer neben dem Stall.

Von 1914 bis 1921 lebte der Steinmetz Xaver Schmitzberger mit seiner Familie in dem Haus. Nach der Geburt des dritten Kindes verkaufte er das Gebäude an Karl und Franziska Hagn. Beide Neueigentümer arbeiteten in der Landwirtschaft, wobei Karl sich als Besenbinder ein Zubrot verdiente. Die Eheleute hatten vier Kinder. 1928 ging der Besitz an Karls Bruder Max mit seiner Frau über, die in der Folge gelegentlich „Wohnleute“ als Untermieter aufnahmen. Sie erweiterten den Keller. 1936 erwarb Theresia Weinzierl das Anwesen. Nach dem Tod ihres ersten Mannes heiratete sie den Landwirt Xaver Listl und lebte mit ihm und den drei Kindern aus erster Ehe sowie der Inwohnerin Creszenz Schambeck bis 1962 im Haus. 1955 wurden der alte Backofen abgebrochen und der Kamin im Wohnteil neu eingebaut. Außerdem erhielt das Haus eine neue Dachdeckung aus Strangfalzziegeln, die über den Schindeln angebracht wurden. 1963 erst bekam das Haus durch Teresia Weinzierls Sohn Erwin Wasser- und Stromanschluß. 1983 starb Erwin Weinzierl, das Haus sollte einem Neubau weichen und wurde vom Bezirk Oberpfalz für das Oberpfälzer Freilandmuseum Neusath-Perschen erworben. Dort steht es seit 1986 in Zuordnung zur Hofstelle Kolbeckhof. Der Standort im Museum entspricht in der Ausrichtung nicht der ursprünglichen Situation in Auenzell in Niederbayern unmittelbar an der Grenze zur Oberpfalz, sondern ist mit der Eingangstraufseite geländebedingt von Südosten nach Südwesten verlegt. In der Baukonstruktion und in der weitgehend originalen Einrichtung zeigt es den Zustand von 1955 bis 1962. Das Scheunentor ist nach Baubefunden rekonstruiert, das Aborthäuschen und der Gartenzaun sind nach archivalischen Belegen und Zeitzeugenberichten nachgestellt.

Der Kolbeckhof

halber Hof aus Weißenregen
Landkreis Cham

Das traufseitig erschlossene, zweiraumtiefe Haus enthält keine Küche. Vom Fletz geht man links in die Stube, in welcher ein großer Kochherd steht, von dort gelangt man in eine ehemalige Austragskammer, die jetzt für den Haushalt genutzt wird. Rechts des Fletzes liegt der Kuh- und Ochsenstall, der die ganze Hausbreite einnimmt und im beinahe rechten Winkel auch ein Stück des Hausmittelteils hinter dem Fletz beansprucht. Im Obergeschoss liegen zwei Kammern für die Familienmitglieder, eine Knechtkammer und der Lagerboden. Im Dachgeschoss ist schließlich noch eine Räucherkammer eingebaut.

Die Stube des Kolbeckhofs ist im Zustand der 1950er Jahre eingerichtet. Auf dem gekachelten Sparherd ließ sich gut für eine größere Anzahl von Personen kochen. Aus Feuerschutzgründen ist hier der Fußboden gefliest im Gegensatz zu den Dielen der Stube.

Vor dem Anwesen des Kolbeckhofs und dem Göttlinger Getreidekasten führt der Landwirt Josef Pösl die beiden Kaltblüter Fritz und Liesl mit sicherer Hand. Ob er gerade den Mist auf die Wiese ausgebreitet hat?

Geschichte des Hauses

Das Wohnstallhaus wurde 1840/41 errichtet, das belegen die Bauinschriften sowie baukundliche Untersuchungen. Es stand an der Stelle eines Vorgängergebäudes mit dem 1752 und 1760 belegten Hausnamen „Pointinger", der als halbes Hofgut, also als „Hube", bezeichnet ist und als dessen Besitzer seit 1772 Lorenz Karmann mit seiner Familie nachgewiesen ist. In diesem Jahr heiratete Karmann in den Hof ein, nachdem der vorherige Inhaber Judas Thaddäus Kolbeck im Dezember 1771 verstorben war. Als Karmann 1806 den „Pointinger Halbhof" an seinen Sohn Joseph übergab, gehörten zum Hof das Wohnstallhaus, ein Stadel mit angebautem Schupfen und Kasten, ein Inhaus, ein Flachsbrechhaus, ein Backofen und je ein Gras-, Baum- und Wurzgarten sowie insgesamt 86 Tagwerk Grund. Joseph und seine Frau Anna hatten zusammen neun Kinder, von denen aber nur zwei das Kindesalter überlebten. Noch 1838 wurde Joseph Karmann im Liquidationsprotokoll der Steuergemeinde Weißenregen als Besitzer des „Paintinger Halbhofs" angegeben.

Nach dem völligen Neubau des Wohnstallhauses in den Jahren 1840 und 1841 zogen die vormaligen Bewohner des Inhauses, Franz Kammerl und Walburga Schmucker, als Knecht und Magd mit ins Hauptgebäude, während im Inhaus zwei neue Familien Quartier nahmen. Im Urkataster der Gemeinde aus dem Jahr 1843 trägt der Hof nun den Namen „Kolbeck", als Eigentümer des Anwesens erscheint weiterhin Joseph Karmann.

Säge-Ornamente im „Balkongeländer" sind im Bayerischen Wald ein dominierendes Stilelement.

Erst 1860 wird seine Tochter Katharina Brunner als Besitzerin aufgeführt. Daneben existierte aber noch der Hausname Paintinger, denn im gleichen Jahr berichten die schriftlichen Quellen von der Überschreibung des Paintinger Halbhofes an Karmanns Tochter Katharina, Wirtin von Miltach, und deren Ehemann Johann.

Die neuen Eigentümer gaben 1862/63 das Brechhäusl auf und brachen es ab. Bereits 1866 war Katharina Brunner Witwe. Sie ließ ihre Kinder als Miteigentümer eintragen. Der Sohn Johann Nepomuk übernahm 1867 anläßlich seiner Eheschließung mit Anna Maria Gmach den Hof. Später wanderte er aus und starb Ende des Jahres 1905 in Amerika. Die nächste Generation der Hauseigentümer sind ab 1892 Nepomuks Tochter Maria mit deren Ehemann Josef Müller.

Sie errichteten einen zweiten Stadel und bauten das Wohnhaus um. Zehn Jahre später vertauschten sie ihren gesamten Besitz mit dem Anwesen Nr. 19 in Weißenregen. Der neue Eigentümer des Kolbeckhofs war nun Simon Kufner, der als Landwirt, Fleisch- und Trichinenbeschauer in den Archivalien geführt wird. Er hatte sechs Kinder. Als sein Sohn Max heiratete und den Hof übernahm, verpflichtete er sich vertraglich, das Wohnrecht seiner fünf Geschwister zu beachten und zu diesem Zweck das Inhaus herzurichten. Auch der neue Bauer nahm einige Umbauten vor. Kurz nach 1926 wurde dann das Haus an die Stromversorgung angeschlossen. Max Kufner renovierte 1955 auch den Kamin und die Räucherkammer im Dachboden, 1962 erhielt er den Wasseranschluss.

Doch seinem Sohn und Nachfolger Max entsprach 1964 das Wohnstallhaus nicht mehr den Ansprüchen. Er baute einen neuen Stall und eine neue Scheune. 1970 stellte er neben das alte Haus ein neues hin. Das Inhaus mußte 1975/76 einem Maschinen- und Gerätehaus weichen.

1979 erwarb der Bezirk Oberpfalz das zum Abbruch bestimmte Wohnstallhaus und übertrug es 1984 ins Oberpfälzer Freilandmuseum. Zeitstellung für die Präsentation im Museum ist die Phase von 1955 bis 1962, bevor der letzte Besitzer den Hof übernommen hatte.

Spätsommer im Bauerngarten beim Kolbeckhof. Gemüse, Karotten und Lauch können bald geerntet werden. Hinter der gelben Studentenblume erhebt sich der rotbraune Fuchsschwanz. Am Zaun entlang stehen die Astern.

Das Ochsengeschirr hängt griffbereit im Schupfen. Wo sonst als im Museum sieht man heute noch, dass Ochsen einen Wagen mit Mist oder Getreide ziehen?

Wie aus der Hausgeschichte hervorgeht, gehörten zum Hof am ursprünglichen Standort nach dem Zweiten Weltkrieg zwei Scheunen, ein Getreidekasten, ein Schupfen, ein Backhaus und ein Inhaus. Im 19. Jahrhundert war statt des zweiten Stadels ein Flachsbrechhaus vorhanden. Im Museum wurde dem Hof der Getreidekasten aus Göttling, das Inhaus aus Auenzell und die Scheune aus Laichstätt beigeordnet. Dazu kam ein Backofen aus Heitzelsberg im Landkreis Cham. Der Stall wird zur Unterbringung der Kühe und Ziegen genutzt. Im Lagerraum über dem Stall ist eine Ausstellung zu Anbau und Verarbeitung von Flachs in der Oberpfalz installiert. Gerade im heutigen Landkreis Cham, aber auch in anderen Landstrichen der Oberpfalz, war im 19. Jahrhundert der Flachsanbau eine wichtige landwirtschaftliche Erwerbsquelle. Die Weiterverarbeitung des Flachses zu Garn mit Hilfe von Spinnrad, Rocken und Haspel war eine allgegenwärtige Frauenarbeit in den häuslichen Stuben. Das Garn wurde schließlich in zahlreichen ländlichen Hauswebereien zu Leinen verarbeitet (vgl. das Gebäude „Webergirgl" im Stiftlanddorf).

Über Jahrzehnte stand der Hof unbewohnt und ungenutzt in Weißenregen, bevor er abgetragen und originalgetreu im Museum wieder aufgebaut wurde.

Die Scheune
aus Laichstätt
Landkreis Cham

Geschichte des Hauses

Das Holz für den Kernbau der Scheune ist im Winter 1790/91 gefällt worden. Die Inschrift „1793" in einer der Mittelsäulen gibt uns das Jahr der Fertigstellung an. Der Stadel gehörte zum „Galbelhof" in Laichstätt, einem der Familie Lankes gehörenden halben Hof, und stand direkt am Ufer des Flusses Regen. Nach Ausweis der Befundaufnahmen hatte das Gebäude ursprünglich wohl ein flachgeneigtes Satteldach. Um 1867, spätestens 1868, wurde das gesamte Anwesen in Laichstätt etwa 40 m weiter nach

Von Hand wird der Mist auf den Wagen geladen. Eine schwere Arbeit für die beiden Bauern Auer und Pösl.

Nordwesten verlegt. Ursache war vermutlich die ständige Hochwassergefahr in der unmittelbaren Nähe des Flusses Regen. Dabei wurde der bestehende Scheunenbau mitsamt einer vielleicht 1804 durchgeführten Säulenreparatur unverändert übernommen. 1889 erfolgte die Aufsteilung des Dachs zu seiner heutigen Neigung von ca. 30° und die Eindeckung mit den im Bauplan vermerkten „Cementtaschen".

Die Übertragung der Scheune ins Museum fand 1995 statt. Es ist für das Gebäude bereits der zweite Umzug, denn bekanntlich war es ja schon ca. 1868 einmal in seinem Herkunftsort vom Flußufer weg versetzt worden. Der Wiederaufbau rekonstruiert den Zustand des ausgehenden 19. Jahrhunderts und ergänzt seit 1996 die Hofstelle des Kolbeckhofs.

Der Getreidekasten
aus Göttling
Landkreis Cham

Einige Gegenden der Oberpfalz und des benachbarten Böhmerwalds kennen den Gebäudetypus des Getreidekastens als selbstständiges Bauwerk. Es diente neben Teilen des Dachbodens als Lagerstätte für das mühselig in der Landwirtschaft gewonnene und im Herbst und Winter ausgedroschene Getreide. Der Anspruch auf trockene Lagerung und Schutz vor tierischen Schädlingen ließ besonders stabile, schon beinahe festungsartige Speicherhäuser aus Stein oder Holz oder in einer Kombination der beiden Materialien entstehen.

Der hölzerne Getreidekasten im Freilandmuseum stammt aus Göttling und wurde 1987 vom Bezirk Oberpfalz erworben. Er wurde 1812 von Josef Kermeier als Bestandteil seines Hofes erbaut, ging 1850 durch Verkauf in den Besitz von Georg Niefanger, der von seinen 37,67 Tagwerk Grund allein 18,37 Tagwerk dem Getreideanbau widmete. Ein erneuter Verkauf machte 1870 Mathias Kermer zum Eigentümer des Hofes und damit auch des Kastens. Von dessen Sohn Josef ging der Hof 1925 in den Besitz der Familie Schmid über, wo er bis zu seinem Abtrag verblieb.

Die an drei Seiten offene und nach Süden verbretterte Ständerkonstruktion im Erdgeschoss dient als Unterstand für landwirtschaftliche Geräte. Der erste Boden ist der Lagerplatz für Roggen, der zweite Boden (Hochboden) nimmt Weizen und Hafer auf. Im Hochboden sind auch Holzstangen befestigt, an denen leere Getreidesäcke aufgehängt werden können.

Der Kartoffelquetscher ist eine praktische Maschine zur Zubereitung des Schweinefutters. Das von Hand durch eine Kurbel angetriebene Gerät zermalmt die gekochten „Erdäpfel" oder „Erpfl". Manche Leute sagen, sie essen die Kartoffeln erst, wenn sie „durch die Sau" gegangen sind.

Der Langerbauer

Sölde aus Pemfling
Landkreis Cham

Eine Sölde ist die kleinste Einheit einer Hofstelle mit bäuerlicher Selbstversorgung. Der mittelalterliche Hoffuß nennt zwei verschiedene Sölden: die „Bausölde“ in der Größe eines Achtelhofes mit 15 bis 30 Tagwerk und die „gemeine Sölde“ in der Größe eines Sechzehntelhofes mit 5 bis 15 Tagwerk. Hofstellen unter der Besitzgröße von 5 Tagwerk waren Häusleranwesen, Leer- oder Inhäuser, deren Bewohner sich bei anderen Bauern verdingten oder ein Handwerk ausübten, weil sie von der Landwirtschaft allein nicht leben konnten.

Der Langerbauerhof besteht aus einem Wohnstallhaus, einem großen angebauten Stadel, einem Schupfen und einem frei stehenden Backofen. Das Hauptgebäude ist ein handwerklich gut gestalteter Blockbau mit ausladendem, flachen Ziegeldach, das ein früheres Legschindeldach abgelöst hat. Der vormals vorhandene „Giebelschrot“, eine Art Balkon an der Schmalseite des Hauses, war beim Abtrag am alten Standort nicht mehr vorhanden und wurde nach dem Muster von Vergleichsbeispielen in idealtypischer Weise ersetzt.

„Schrot“ nennt man im Bayerischen und Oberpfälzer Wald den Balkon. Hier sind Wäschestücke, Kräuter und Zweige der Esche zum Trocknen aufgehängt. Neben dem Haus steht der Hollerbusch respektive die „Hollerstauern“ in voller Blüte.

Selbstbewusst trägt Erwin Regensburger aus Painten seine Tracht. Als Vorsitzender des Vereins „Rosentaler“ wirkte er 2005 am Oberpfälzer Trachtentag im Museum mit.

Geschichte des Hauses

Die Sölde gehört mit einem Besitzstand von 17 Tagwerk zu den Achtelhöfen. Sie ist 1752 erstmals urkundlich nachgewiesen, muß aber schon längere Zeit Bestand haben, denn bereits um 1733 wurde der Schupfen errichtet. 1760 tritt Michael Bauer als Besitzer des Hofes in Erscheinung. Nach dessen Tod heiratete 1776 seine Tochter Walburga den Andreas Bräu aus Frieding. Die beiden Kinder aus dieser Ehe starben schon kurz nach der Geburt. 1797 erwarb Joseph Nothaas, der Wirt des Schlösslstifts, die Sölde „mit weniger Einrichtung und 6 Stück Vieh“ und nahm in der Folge im Bereich der Kammer einen Umbau vor. Auch von seinen vier Kindern ist dreien nur ein kurzes Leben beschieden. Aus einer Besitzbeschreibung des Jahres 1808 geht hervor, dass zu dem Anwesen zu dieser Zeit „die hölzerne Behausung nebst Stall, Stadl und Schupfen“ sowie ein kleines Hausgärtl, Wiesen und Äcker gehören. Die Grundzinsen sind zu zwei Dritteln zum Rentamt Cham und zu einem Drittel an das Domkapitel Regensburg zu zahlen. 1823 übergab Joseph Nothaas, der nebenher auch Viehhandel betrieb, seinen Hof an seine Tochter Anna Maria anlässlich ihrer bevorstehenden Eheschließung mit Andreas Raab aus Kreuth. Er selbst ging mit seiner Frau Walburga ins Nebenstüberl, da die bisherigen Austrägler noch lebten. Die neuen Eigentümer renovierten 1826 das Haus, in dem mittlerweile drei Familien hausten: der 81jährige Andreas Bräu mit seiner Frau Walburga – beide starben 1827 –, Walburga und Joseph Nothaas bis 1828 bzw. 1832, und schließlich Andreas und Anna Maria Raab. Von den fünf Kindern der Letztgenannten starben drei im Säuglingsalter.

Auch ein altes Scheunentor kann schön sein. Witterung und Gebrauch haben ihre Spuren hinterlassen.

Hier in der niederen Stube mit der schweren Balkendecke arbeitete ein Vierteljahrhundert lang der Schuhmacher Georg Haberl. Nebenbei war er ein viel gefragter Hochzeitslader.

1857 übergab der altersschwache und gebrechliche Andreas Raab seinen Besitz an seinen Sohn Josef und bedingte sich zum Austrag das Nebenstüberl samt Kammer und Boden und dazu noch einen Platz für eine Kuh im Stall aus. Er starb jedoch noch im gleichen Jahr. Joseph Raab heiratete 1862 Anna Maria Winkler aus Tasching. Von den sieben Kindern starben vier in jungen Jahren. Die Tochter Theresia übernahm 1888 den Hof anlässlich ihrer Heirat mit Michael Lankes aus Katzbach. Die jungen Bauern renovierten den Stalltrakt und bauten von 1898 bis 1900 einen neuen, größeren Stadel. Nach dem Tod seiner Frau wurde seine Tochter Theresia zur Hälfte Miteigentümerin. 1924 wurde der Giebelschrot entfernt und das Obergeschoss erhöht und mit einer Ständerkonstruktion stabilisiert. Der behördlich niemals genehmigte und nur aus Finanzknappheit in dieser Form ausgeführte Umbau blieb trotz mehrmaliger Aufforderung zum Abbruch bis 1986 bestehen.

Theresia Lankes heiratete 1928 den Pemflinger Schuhmacher und Hochzeitslader Georg Haberl. Nun wurde eine Schusterwerkstatt in der Stube eingerichtet. Nach 1945 erst kam die Stromversorgung ins Haus. Georg Haberl arbeitete als Schuhmacher bis zu seinem 63. Lebensjahr. 1953 starb er. Seine Frau Theresia lebte noch bis 1974.

Nach ihrem Tod erbten die Nachbarn den Hof, ohne ihn jedoch zu nutzen. 1976 erwarb der Bezirk Oberpfalz von ihnen das Wohnhaus und 1985 die Nebengebäude für die Übertragung ins Oberpfälzer Freilandmuseum. Dort wurde der Hof in der Zeitstellung vor dem Umbau des Jahres 1926 wieder aufgebaut, wobei zunächst der Giebelschrot nicht wieder angebracht und erst später ergänzt wurde.

Im „Waldlerdorf“ lebt ein stolzer Pfau mit seiner Familie.

DAS MÜHLENTAL

Sägegatter, Fischweiher und herrschaftliche „Rauberweihermühle“

Der Weg vom „Waldlerdorf“ nach Süden kreuzt eine Straße, die vom „Stiftlanddorf“ her kommt. Auf ihr kann sich der Museumsbesucher ins „Mühlental“ begeben. Ein schöner Aussichtspunkt an der Geländekante am Rand eines Laubwaldes erlaubt den Blick ins Tal. Die natürliche Senke ist an den Hängen mit Wald unterschiedlicher Entwicklungsstufen bewachsen. In der Talsohle fließt ein Bach, der mehrere aneinander anschließende Teiche speist und auch die Energie für zwei verschiedene Betriebsgebäude liefert.

Auch die Verlängerung des Weges vom „Waldlerdorf“ nach Süden führt ins „Mühlental“. Am Saum des Laubwaldes biegt der Weg nach links ab und eröffnet den Blick über die Rauberweihermühle auf den Hang des „Juradorfes“, zum Wirtshaus mit der daneben liegenden Kapelle und schließlich auch in Richtung Westen zur Silhouette des „Naabtaldorfes“.

Nur wenig fließendes Wasser ist zum Betrieb einer Mühle nötig. Dafür aber bedarf es einer gut durchdachten Technik der Kraftübertragung. Die vielen Mühlen der Vergangenheit stehen heute oft für romantische und märchenhafte alte Zeiten.

An diesem malerischen Winkel steht am Waldrand ein eisernes Kreuz zum Gedenken an den verstorbenen Bezirkstagspräsidenten Alfred Spitzner, in dessen Amtszeit das Oberpfälzer Freilandmuseum Neusath-Perschen als Einrichtung des Bezirks Oberpfalz gegründet und 1986 dem Publikum zugänglich gemacht worden ist. Gegenüber dem Kreuz ruht ein Schäferkarren aus Reuth bei Erbendorf am oberen Rand einer großen Wiese. Er erinnert an den früher so wichtigen Beruf der Schäfer und Hirten.

Die Mühle am Bach

Was wäre unsere Ernährung ohne die Fähigkeit, das Getreide der Bauern zu Mehl zu verarbeiten, das dann vom Bäcker oder von der Hausfrau zur Herstellung von Brot oder anderen Speisen verwendet wird?

Die ursprüngliche Technik des Getreidemahlens bestand von der Steinzeit bis ins europäische Mittelalter in der Verwendung von Reibsteinen, die mit Muskelkraft bewegt wurden. Mit ihrer Hilfe wurden die Getreidekörner mühsam zerkleinert und gegebenenfalls mit Mörsern weiter pulverisiert. Die Reibsteine gab es als Handgeräte – ähnlich wie sie heute noch in manchen Entwicklungsländern zu finden sind – bis hin zu großen, auf der Erde liegenden Mahlsteinen, auf denen ein sogenannter „Läufer“ lag, der mittels einer Deichsel durch kräftige Tiere ständig im Kreis bewegt wurde.

Etwa 3000 v. Chr. wurde in Mesopotamien das Wasserrad erfunden. Aus ihm entwickelten die Menschen der Antike das Schöpfrad zur

Die Holztür der Rauberweihermühle mit den trapezförmigen Profilleisten führt nicht ins Wohngebäude, sondern in den Mühlentrakt. Wohn- und Arbeitsbereich sind getrennt.

Bewässerung der Felder. Der erste Nachweis einer durch Wasserkraft angetriebenen Mühle findet sich im Jahr 10 v. Chr. bei den Römern. Es verging jedoch noch viel Zeit, bis diese Technik die althergebrachte Arbeit mit dem Reibstein ablöste. In der Zeit der Karolinger, also um 800 n. Chr., war die Wassermühle in ganz Mitteleuropa bekannt. Der Ausbau der Siedlungstätigkeit des Hochmittelalters zeitigte auch eine

Ein ungemütliches und enges Nachtlager bot der Schäferkarren aus Reuth. Aber es war wichtig, immer bei den Tieren zu sein.

zahlenmäßige Erweiterung der Mühlen. Die Forschung geht davon aus, dass um 1300 die Städte und Dörfer ausreichend mit Mühlen versorgt waren.

Bis etwa um 1800 bestanden alle Wassermühlen aus dem Wasserrad und einem oder mehreren Mahlwerken. Je nachdem, wie der Wasserlauf zum Wasserrad erfolgte, spricht man von ober-, mittel- oder unterschlächtigen Wassermühlen. Eine Zahnradübersetzung sorgte dafür, dass die Drehung des Wasserrades auf das Mahlwerk übertragen wurde. Dieses Mahlwerk hat zwei Arbeitsgänge: das Schroten des Getreides zwischen den Mühlsteinen und das Sichten zwischen Mehl und Kleie im sogenannten Beutelwerk. Der Mahlvorgang greift das Prinzip der Reibesteine auf. Es besteht aus zwei aufeinander liegenden, in der Mitte mit einem Loch versehenen Mahlsteinen, dem „Boden" und dem „Läufer". Die einander zugekehrten Flächen enthalten eingearbeitete Furchen. Zwischen diese wurde von oben das Mahlgut geführt. Die Drehung des oberen Steines zermalmte das Getreide und die Furchen sorgten dafür, dass das Mehl bei der dafür vorgesehenen Öffnung das Mahlwerk verließ.

Zur Technik einer solchen „altdeutschen" Mühle gehört in der Regel auch eine Transmissionsanlage, mit der die Wasserkraft für weitere Einrichtungen genutzt werden konnte. So sorgte beispielsweise ein Rüttler für das gleichmäßige Einlaufen des Getreides durch einen Trichter in das Mahlwerk. Auch konnten verschiedene Siebe mit der Transmission bewegt werden. Alles in allem ist so eine Mühleneinrichtung ein kompliziertes Gebilde, dessen detaillierte Beschreibung hier nicht vollständig geleistet werden kann.
Im Zeitalter der Industrialisierung wurden die „altdeutschen Mühlen" allmählich durch mehrstöckige „Kunstmühlen" ersetzt, die noch mehr Arbeitsgänge übernehmen konnten und in ihrer Leistungsfähigkeit die althergebrachte Technik in den Schatten stellten.
Der Bau und der Betrieb der Mühlen erforderte besondere Kenntnisse und Fertigkeiten, und die Menschen, die eine solche Ingenieurskunst beherrschten und anzuwenden wussten, waren von ihren Zeitgenossen besonders geachtet. Dadurch hatte ein Müller auf dem Land eine gehobene Position, die ihn gegenüber den einfachen Bauern auszeichnete. In der Regel betrieb er zu seinem Gewerbe noch eine Landwirtschaft. Insbesondere die Schweine gediehen bei ihm gut, denn an sie konnten einige beim Mahlbetrieb anfallende Abfallprodukte verfüttert werden. Für die Müller – auch Müllner oder Möllner, von lateinisch molinarius, genannt – galt wie für die Bäcker das Sprichwort, dass sie bei einer Hungersnot die letzten seien, die zu Tode kommen würden. Das Recht des Getreidemahlens wurde von der Obrigkeit vergeben, auch dadurch erhielt der Müller eine Sonderstellung. Für seine Betriebsführung war es notwendig, dass er lesen, schreiben und vor allem rechnen konnte. Häufig übernahm er im Dorf die Aufgaben eines Bürgermeisters oder ein anderes Ehrenamt.

Andererseits war sein Gewerbe auch oft verrufen. Das kommt aus der mittelalterlichen Stellung als „unehrlicher" Beruf in gleicher Wertigkeit wie der des Hirten, des Baders, des Wandermusikanten oder des Abdeckers. Der Müller war unter anderem verpflichtet, bei der Aufstellung des Galgens behilflich zu sein, was ein ehrbarer Handwerker nicht tun durfte. In den Städten durften Müllerssöhne nicht in andere Zünfte aufgenommen werden. Auch als sich die Wert-

schätzung des Müllers längst zu seinen Gunsten geändert hatte, argwöhnten die Landwirte gern, dass er nicht sauber abrechnen würde. Aus der Oberpfalz ist die Redewendung überliefert, die Armbehaarung des Müllers stehe rückwärts, was vom vielen „in die Säcke greifen" komme. Nicht alles, was sich in der oft außerhalb des Ortes am Wasser gelegenen Mühle abspielte, war den Dorfbewohnern einsehbar und konnte kontrolliert werden. Auch die Tatsache, dass sogar des Nachts in der Mühle Betrieb herrschte, trug zum Misstrauen der Zeitgenossen bei. Dabei konnten sich die bäuerlichen Untertanen aufgrund des Mühlenzwangs nicht selbst aussuchen, wo ihr Getreide gemahlen werden sollte, sondern waren an den von der Herrschaft bestimmten Müller gebunden. Die Abrechnung erfolgte in der Regel mittels eines Holzscheites, das in der Mitte gespalten wurde. Sie wurden in die Metzen und Scheffel eingetaucht, um die Füllmenge zu messen. In beide Hälften wurden Kerben eingebracht, die festlegten, welchen Anteil der Mahlmenge und der Kleie der Müller als Lohn behalten durfte. Ein Scheit verblieb beim Müller, das andere beim „Mahlgast". Von diesem Verfahren rührt die Redewendung her, dass jemand, bei dem Unstimmigkeiten bekannt sind, „etwas auf dem Kerbholz hat".

In zahlreichen Volksliedern sind die Mühlen romantisch verklärt. „Es klappert die Mühle am rauschenden Bach" ist das wohl bekannteste dieser Lieder. Auch in Märchen und Sagen spielt der Müller oft eine wichtige Rolle. Erinnert sei nur an den gestiefelten Kater, der einem Müllerssohn zu Reichtum und Ansehen verholfen hat. In einem anderen Märchen übergab ein Müller aus Gewinnsucht seine Tochter dem König mit dem falschen Versprechen, sie könne aus Stroh Gold spinnen. Nur die Aufdeckung des Namens „Rumpelstilzchen" bewahrte sie schließlich davor, ihr erstgeborenes Kind hergeben zu müssen. Solche Beispiele der Lied- und Erzähltraditionen zeigen immer wieder auf, wie sehr sich die Phantasie der Zeitgenossen mit dem Beruf des Müllers und dem Geschehen in der abgeschiedenen Mühle beschäftigte.

Der Mühlentrakt in der Rauberweihermühle des Oberpfälzer Freilandmuseums gewährt einen guten Einblick in das Handwerk in einer altdeutschen Mühle. Der Besucher kann beispielsweise die Kraftübertragung vom mittelschlächtigen Wasserrad zum Mahlwerk nachvollziehen und auf verschiedenen Ebenen die technische Einrichtung betrachten. Im Obergeschoss der Mühle ist eine Ausstellung untergebracht, die unter dem Titel „vom Korn zum Brot" den Weg des Getreides von der Ernte bis zur Fertigstellung des Mehls durch den Müller aufzeigt.

In einer altdeutschen Mühle werden eine Menge von Arbeitsgängen miteinander verknüpft. Der Bau und der Betrieb einer solchen Anlage vereinigte die Kenntnisse des Müllers mit denen eines Zimmerers und eines Steinhauers.

Die Rauberweihermühle
aus Rauberweiherhaus
Landkreis Schwandorf

Die Rauberweihermühle ist wegen ihrer Größe wohl das beeindruckendste Gebäude im Museum. Als ehemaliger Besitz eines Landsassen repräsentiert es den historischen Landadel in der Oberpfalz. Unter dem mächtigen Halbwalmdach befinden sich vier Einheiten: im Erdgeschoss des Wohnhauses auf der einen Seite des Fletzes die Wohnung des herrschaftlichen Jägers, gegenüber die Wohnung des herrschaftlichen Müllers, im Obergeschoss die Wohnung der Herrschaft selbst und im hölzernen Anbau die Getreidemühle in altdeutscher Bauart. Früher gehörten auch ein großer Stadel, ein Stall und ein Sägewerk zum Anwesen.

Das Gebäude ist zugleich ein Zeugnis für die Verbreitung des Fachwerkbaus auch auf der östlichen Naabseite. Es stand einst am Ufer des Rauberweihers bei Wackersdorf östlich der Stadt Schwandorf und musste 1977 dem Braunkohletagebau der Gegend weichen.

Geschichte des Hauses

Die Stadt Schwandorf hatte seit dem Dreißigjährigen Krieg Schulden beim Regensburger Kloster St. Klara. 1667 löste sie diese Schulden ein, indem sie dem Kloster Ländereien mit nutzbaren Weihern, Wiesen, Feldern und Holzgründen am Rauberweiher überschrieb. Auf einem der Grundstücke stand eine seit langem unbewohnte und verwahrloste Mühle. 1701 verkaufte das Kloster den ganzen Komplex an den (Land-) Pfleger und Forstmeister Bartholomäus Sechser. 1703 brannte das Mühlengebäude bis auf die Grundmauern ab. Bartholomäus Sechser erhielt 1710 im Alter von 73 Jahren die Bewilligung, auf seinem Gelände an anderer Stelle eine neue Mahlmühle mit drei Gängen und eine Sägemühle zu errichten. 1712 wurde der Komplex fertig, Bartholomäus Sechser wurde im gleichen Jahr in den niederen Adelsstand erhoben.

Nach seinem Tod übernahm 1720 sein Vetter Simon Fechser das Anwesen und stellte einen Jäger und einen Müller ein. Doch es kamen turbulente Zeiten, zumindest was den Besitz angeht. 1727 trat Simons Sohn Salomon Fechser als Eigentümer auf, von 1731 bis 1733 gehörte es dem Max Philipp Freiherr von Wildenau und ging schließlich an Karl Sigmund Graf von Aufseß über. Nach dem Tode des Grafen war seine Witwe Eva Sophia von Murach die alleinige Erbin. Sie starb 1765 und wurde im Boden unter der Müllerstube begraben. Die Sage von der weißen Frau, die nachts angeblich durch das Haus geistert, ist vermutlich mit der Einrichtung der Grabstelle verbunden.

Der Nachfolger Josef Mathias von Murach ließ nun im Obergeschoss bedeutende Umbauten vornehmen, die es ihm ermöglichten, ein zurückgezogenes Leben ohne viel Kontakt zur Außenwelt zu führen. Sein Nachfolger ist ab 1797 Karl Franz Freiherr von Murach, doch schon 1794 ging der Besitz an den Reichsgrafen von Holnstein über.

Auch die Müller- und die Jägerwohnung wurden im Lauf der Zeit von immer wieder anderen Familien mit Leben erfüllt. Nach 1840 wurde in den Räumen der Jägerwohnung eine Gastwirtschaft eingerichtet. Der gut gehende Schank- und Speisebetrieb wurde in den folgenden Jahrzehnten immer mehr erweitert und nahm schließlich auch die Räume der Müllerwohnung ein. Nach dem Zweiten Weltkrieg wurde im Obergeschoss die Trennwand zweier Räume entfernt, damit hier ein großer Tanzsaal entstehen konnte.

In diesem Saal ist im Oberpfälzer Freilandmuseum eine Ausstellung mit einer Sammlung von Kachelöfen aus der Oberpfalz eingebaut. Die darunter liegenden Räume beherbergen eine Ausstellung mit Küchenherden aus verschiedenen Zeiten und mit verschiedener Technik.

Die Rauberweihermühle zählt zu den beeindruckendsten Gebäuden des Museums. Sie hat eine reiche Geschichte und ist ein wichtiges Zeugnis des Fachwerkbaus östlich der Naab. Das kleine Bild zeigt das Gebäude vor der Übertragung ins Museum in desolatem Zustand. Angeblich geisterte darin nachts manchmal eine weiße Frau.

Hans Müller kennt sich aus in der alten Säge. Das Gatter hat nur ein Blatt. Nach dem Schneiden des Baumes sind die Bretter am Ende noch miteinander verbunden. Mit einem „Sappie" genannten Haken hebt der Arbeiter den Schwartling hoch, dann löst er die Bretter einzeln ab.

Die Sägemühle
aus Pfaffengschwand
Landkreis Cham

In Altbayern wird ein Sägewerk gerne auch als Sägemühle bezeichnet. Die Anlage aus Pfaffengschwand ist eine verbretterte Holzständerkonstruktion auf einem gemauerten Sockel. Sie hat ein flaches Dach. In ihrem Inneren befinden sich eine Turbine und ein einfaches Sägegatter sowie der Raum zur ersten Bearbeitung der Bretter.
Die Säge gehörte zu einem „ganzen" Hof und stand auf einer Wiese, aus der in verschiedenen Gräben Quellwasser zu einem Stauweiher fließen. Diesen Umstand nützte um 1870 der Grundeigentümer Michael Dengler zum Bau eines Wasserrades beim Ablauf des Weihers. Sein Sohn Ludwig ersetzte das Wasserrad ohne behördliche Genehmigung durch eine Turbine und baute ein Sägewerk dazu. Es ist der Vorgängerbau der vorhandenen Einrichtung. Erst 1922 wurde dem Ludwig Dengler die Sägemühle genehmigt, doch er musste sie umbauen. Bis ca. 1950 tat sie ihren Dienst, dann wurde sie stillgelegt. 1986 hat dann der Bezirk Oberpfalz das Gebäude für das Oberpfälzer Freilandmuseum erworben.

Das Fischerhäusl
aus Tirschenreuth

Die mit einem steilen Bretterdach bedeckte Blockbauhütte ist kein Wohnhaus, wurde aber dennoch für Übernachtungen genutzt. Es handelt sich um die Unterkunft eines Fischers und den Aufbewahrungsort für seine Arbeitsgeräte. Sie gehörte zur Fischerei des Tirschenreuthers Josef Ockl, der Anfang des 19. Jahrhunderts die Gastwirtschaft „Zum goldenen Bären" in Tirschenreuth betrieb. Bis 1989 stand es am Rand seines Teiches, dem „Ocklohbehälter". Sein Nachfahre Alois Ockl schenkte es dem Oberpfälzer Freilandmuseum Neusath-Perschen.

Jährlich im Herbst werden die Teiche und Weiher mit großem Publikumsinteresse abgefischt. Wohl fünf Pfund hat der stattliche Karpfen, den Karl Pürzer hier herausgeholt hat.

Tag und Nacht bewacht und betreut Robert Markl den Kohlenmeiler. Er beobachtet den Rauch und steuert durch Löchern des Erdmantels die Zugluft. Geduldig erklärt er auch den Besuchern seine Arbeit.

Der Kohlenmeiler

Neben dem Oberlauf des Baches im „Mühlental" steht das Modell eines vom Erdmantel befreiten Kohlenmeilers in Originalgröße. Alle zwei Jahre wird daneben ein weiterer Meiler errichtet und damit Holzkohle hergestellt. Die so gewonnene Holzkohle war früher für die vielen Betriebe zur Glasherstellung sowie für die Gewinnung und Verarbeitung von Eisen von herausragender Bedeutung. Die Oberpfalz war aufgrund ihrer geologischen Gegebenheiten vom Mittelalter bis in die frühe Neuzeit ein Zentrum des Eisenerzbergbaus. An den Gewässerläufen entstand eine Vielzahl von Hammerwerken, in denen das Eisen zu verschiedensten Endprodukten verarbeitet wurde. Sie und auch die zahlreichen Glashütten und Spiegelglasschleifen benötigten große Mengen von Holzkohle für ihre Betriebe. Vor diesem Hintergrund war der Beruf des Köhlers ein wichtiger Bestandteil des ländlichen Wirtschaftens. Vom Frühjahr bis in den Herbst lebte er im Wald fernab von der dörflichen Gemeinschaft und errichtete und betreute der Reihe nach die von ihm betriebenen Kohlenmeiler. Die beste Kohle erhält man aus dem Holz der Buche.

Beim Aufbau des Meilers muß der Köhler vielerlei berücksichtigen: Die langen Scheite müssen so aufgestellt werden, dass eine gleichmäßige Zuführung von Luft möglich ist. Während des Betriebs muss der das Holz umgebende Erdmantel mit wechselnden Luftlöchern versehen werden. Der Köhler muss seinen Meiler ständig im Auge behalten. An der Farbe und Dichtigkeit des aufsteigenden Rauches erkennt er, ob er weitere Zugluft zuführen oder ob er den Mantel besser abdichten muss. Der Meiler darf weder „durchbrennen" noch ersticken. Tag und Nacht muss also der Köhler sein Werk beobachten und die Verkohlung des Holzes steuern. Wenn ein Meiler alles dafür vorgesehene Holz in seinem Inneren verkohlt hatte und die Glut abgekühlt war, so baute der Köhler den Meiler ab und barg die gewonnene Kohle. Der von Ruß und Rauch geschwärzte Mann galt wegen seines Einsiedlerdaseins oft als Sonderling.

DAS JURADORF

Fränkisches Fachwerk und Juragestein im Westen der Oberpfalz

Von der Rauberweihermühle führt eine Straße mit Kalksteinschotter auf eine Anhöhe mit einer weiteren Baugruppe des Oberpfälzer Freilandmuseums. Hier liegt das sogenannte „Juradorf" in der Form eines unregelmäßigen Weilers. Er besteht im Grunde nur aus zwei Gehöften. Die Anwesen stammen aus der Landschaft des Oberpfälzer Jura ganz im Westen der Oberpfalz und sind scheinbar ohne Ordnung in lockerer Folge auf dem Hügel gruppiert, so wie sich eine organisch gewachsene Siedlung aus kleinsten Anfängen entwickelt hat. Die zum Ort gehörenden Felder und Wiesen sind als Streifenfluren mit verbesserter Dreifelderwirtschaft in den Hang eingebracht. Gegen die Erosion wurden die Streifen terrassiert.

Hauskundlich sind die Gebäude der mittelfränkischen Fachwerkregion zuzuordnen. Der Nürnberger Raum strahlt hier in die Oberpfalz hinein. Die Wohnstallhäuser haben einen beinahe quadratischen Grundriss. Für Menschen und Tiere gibt es einen gemeinsamen Eingang. Die Rinder und eventuell auch die Pferde erreichen also ihre Ställe durch den Hausflur. In der Regel sind die Häuser eingeschossig und haben ein relativ steiles Dach. Kennzeichnend für den Baustil ist das fränkische Fachwerk mit seinen parallel zur Dachneigung verlaufenden Streben, die, wenn sie sich kreuzen, ein Andreaskreuz bilden oder in Verbindung mit einem Ständer an einen Mann mit ausgestreckten Armen und Beinen erinnern. Dieser Fachwerkstil ist völlig verschieden von dem des Stiftlandes und angrenzenden Egerlandes. Vorherrschendes Baumaterial ist neben dem Holz der Jura-Kalkstein. In den Zeiten, als es noch nicht so leicht und verhältnismäßig billig war, die unterschiedlichen Baustoffe über weite Strecken zu transportieren, gilt auch hier das Prinzip der Selbstversorgung aus der Region.

Ein idyllischer Biergarten lädt zur Einkehr ein. Vor der verputzten Fassade des ursprünglichen Fachwerkhauses spendet ein Lindenbaum seinen Schatten. Selbst die Gänse wagen einen Ausflug hierher.

Am Fuß des Hügels, auf der anderen Seite des von Osten her kommenden Baches, stehen zwei andere Gebäude. Sie sind einer Hauslandschaft zuzuordnen, die ebenfalls das Juragestein als Baumaterial verwendet, bei denen aber im Gegensatz zur mittelfränkischen Bauweise die Dächer sehr flach und mit Kalkschieferplatten gedeckt sind. Geographisch zieht sich diese Hauslandschaft von Prüfening bei Regensburg beiderseits der Donau aufwärts bis Kelheim und von dort links und rechts die Altmühl aufwärts bis weit in den mittelfränkischen Raum. Nach dem letztgenannten Fluss und dem dabei liegenden Mittelgebirge wird der Gebäudetyp „Altmühljurahaus" genannt.

Die Tafernwirtschaft

aus Unterbürg
Landkreis Neumarkt

Bei dem Gebäude handelt es sich um ein Wohnstallhaus mit Wirtsstube, Kammern, Gewölbeküche, Backofen, Speis und Keller aus der Hauslandschaft des Altmühljura in der südwestlichen Oberpfalz. Erdgeschoss und Keller bestehen aus kalkvermörteltem Bruchsteinmauerwerk, das Obergeschoss enthält Fachwerk mit Steinaus-

Fast jeden Sonntag ist was los. Hier spielt eine Blasmusik böhmische Weisen zur Unterhaltung der Gäste.

Die Einrichtung der Wirtsstube entspricht der Zeit um 1860. Wie viele Brotzeiten und Seidl Bier wurden hier wohl ausgegeben? Welches Kartenspiel wurde am liebsten gespielt: Schafkopf? Watten? Tarock?

fachungen. Das flache Dach mit einer Neigung von nur 27° unterscheidet sich deutlich von den Steildächern der Fachwerkbauten im mittleren Westen der Oberpfalz. Das Fachwerk an der Traufseite war bereits seit dem späten 18. Jahrhundert verputzt. Das Gebäude ist damit ein frühes Beispiel für eine Fassadengestaltung, wie sie im 19. Jahrhundert verstärkt auftritt. In der Mitte des 19. Jahrhunderts war auch der Hofgiebel verputzt. Weiße Putzbänder, Faschen und Laibungen setzen sich von dem hellgrauen Rauhputz ab. Die Fenster in der Gaststube und im Tanzsaal sind größer als in den übrigen Räumen. Das mag der Repräsentation dienlich sein, es sorgt aber auch für mehr Helligkeit in den Räumen.

Geschichte des Hauses

Bei den Wirtshäusern unterscheiden wir zwischen einfachen Dorfschänken, die durchaus in der Stube eines bäuerlichen Wohnhauses eingerichtet sein konnten, und Häusern mit besonderen Rechten und Pflichten. Sie machen durch Wirtshausschilder weithin sichtbar auf sich aufmerksam und werben um Gäste. Als Hinweiszeichen auf eine öffentliche Bewirtung galten ursprünglich statt der Schilder Kränze oder Buschen aus Grünzeug oder grüne Bäumchen oder Äste, die in einem Kübel mit Wasser vor dem Haus standen. In manchen Gegenden Europas kennzeichnen sie heute noch den frischen Ausschank von Bier oder Wein. Bezeichnungen wie „Buschenschänke“ und Wirtshausnamen wie „Zum grünen Kranz“ enthalten diese alten Bedeutungen.

Daneben ist in der Oberpfalz die Tradition der Zoiglbrauereien bis heute lebendig. Ein „Zoiglbier“ ist das Ergebnis eines Gemeinschaftswerks innerhalb einer Kommunbrauerei, d. h. eines Zusammenschlusses mehrerer Dorfbewohner zu einer Gesellschaft mit gemeinsamem Braurecht. Oft gab oder gibt es ein gemeinsames Brauhaus, das Bier kann aber auch in den Räumen einzelner Bauernhöfe gebraut werden. Der Ausschank findet abwechselnd in den Häusern der Gesellschaftsmitglieder statt. Die Braugemeinschaft hat ein eigenes Kennzeichen, meist aus grünen Buschen. Es markiert das Haus, in dem gerade das Bier ausgeschenkt wird. Solch ein Zeichen nennt man den „Zoigl“. Wo er hängt, gibt es das naturtrübe und in der Farbe zwischen dem Hellen und dem Dunklen liegende braune „Zoiglbier“.

Eine „Tafernwirtschaft“ ist dagegen kein Gebäude einer Kommunbrauerei, sondern ein Gasthaus, mit der besonderen Erlaubnis, neben dem Schankbetrieb auch Verlöbnisse, Hochzeiten, Tauf- oder Totenmahle abhalten und Gäste beherbergen zu dürfen. Das Wort geht auf das lateinische taberna = Gasthaus zurück.

Das Wirtshaus aus Unterbürg besaß die „Taferngerechtigkeit“. Es wurde von 1657 bis 1659 neu erbaut. Vermutlich stand an gleicher Stelle vorher ein anderes Gebäude, das im Dreißigjährigen Krieg zerstört worden war. Seit 1757 ist das mit dem Haus verbundene Herbergsrecht in

Die Blütezeit der Blasmusik auf dem Land begann im 19. Jahrhundert. Die Oberpfalz ist ein Landstrich mit reichhaltigen Volksmusiktraditionen. Hier spielt die Trachtenkapelle aus Sulzbach-Rosenberg.

den Archivalien nachgewiesen. Wie üblich hat damals der Wirt vermutlich selbst sein Bier gebraut, da in den alten Schriften von einer Bräustube die Rede ist. Ab 1810 sind die Wirte der Reihe nach namentlich fassbar. 1859 wurden ein Stall und ein Schupfen an das Wohnhaus angebaut, 1889 kam ein neuer Stadel zum Anwesen dazu. Durch Einheirat ging das Haus 1866 an die Familie Kargl, in deren Besitz es bis 1983 verblieb. Der Verkauf an einen benachbarten Sägewerksbesitzer, der das Grundstück zur Erweiterung seiner Lagerhalle benötigte, markiert in diesem Jahr das Ende des Wirtshauses. Der Bezirk Oberpfalz erwarb es 1986 und baute es bis 1989 im Oberpfälzer Freilandmuseum wieder auf. Hier präsentiert es sich im Bauzustand um 1860, als es von Johann Babtist Stauner mit seiner Familie bewirtschaftet wurde. Seither haben mehrere Umbauten den Urzustand verändert.

Die Kapelle aus Urspring
Landkreis Amberg-Sulzbach

Die Kapelle wurde in den Jahren 1990 bis 1992 in der Nachbarschaft des Wirtshauses aus Unterbürg aufgebaut, nachdem sie zuvor mit sämtlichen Innenausstattungsteilen und dem Geläut aus Urspring in der katholischen Pfarrei Gebenbach abgeholt worden war.
Der verputzte Ziegelbau mit dem Dachreitertürmchen stammt aus dem Jahr 1870 und diente dem Ort als Stätte der Andacht. Morgens, mittags und abends wurde zum Gebet geläutet. In der Fastenzeit versammelten sich hier jeweils freitags und sonntags die Bewohner von Urspring zum gemeinsamen Gebet. Bei einem Sterbefall wurde die Totenglocke geläutet und bis zum Vorabend der Beerdigung in der Kapelle der Rosenkranz gebetet.

1867 hatte Pfarrer Max Bachmayer vom katholischen Pfarramt Gebenbach das Bischöfliche Ordinariat Regensburg um die Genehmigung der Kapelle gebeten, da die Siedlung von den angrenzenden Pfarreien abgelegen und vom Pfarrort Gebenbach nahezu eine Fußstunde entfernt war. 1869 wurde diese Genehmigung sowohl vom Ordinariat als auch vom königlichen Bezirksamt in Amberg erteilt. Nach einem Jahr Bauzeit war die Kapelle fertig, erhielt eine Glocke und wurde von Pfarrer Bachmayer benediziert. Der Kreuzweg stammt aus dem Jahr 1876, das Altarbild wurde 1931 von Maria Amann gestiftet. Sie stammt aus der Familie des Jakob Amann, der nach mündlicher Überlieferung 1869 zusammen mit Johann Wendl die Glocke zur Kapelle aus der Wallfahrtskapelle von Mausdorf geholt hatte.

Das Bild wurde 1941 von dem Amberger Maler Rudolf Haber restauriert. 1954 war eine Renovierung der gesamten Kapelle nötig, bei der die ganze Dorfbevölkerung zusammen half.
1981 war wiederum Anlaß zu einem neuen Anstrich, als Pater Alfred Lindner aus Kainsricht hier seine Primiz abhielt. 1989 wurde der Abbruch des Gebäudes beschlossen, seine Rettung war die Übertragung ins Oberpfälzer Freilandmuseum.

Zerstreut liegen die Anwesen des „Juradorfs“ auf dem Hügel. Wacholderstauden und einzelne Bäume stehen auf dem Wiesenhang, der regelmäßig von Schafen beweidet wird.

Der Paulerverl

ganzer Hof aus Pavelsbach
Landkreis Neumarkt

Das Gebäude mit dem lang heruntergezogenen steilen Strohdach und dem fast quadratischen Grundriss fällt gleich ins Auge. Der Eingang liegt auf der Giebelseite, durch ihn erreicht man auch die beiden an der Rückseite des Hauses gelegenen Stallungen für Rinder und Pferde.
Das Gebäude war ursprünglich im Erdgeschoss ein Ständerblockbau, auf dem der Fachwerkgiebel ruhte, doch im Lauf der Zeit wurde vom Stall beginnend der Blockbau durch Kalkbruchsteine ersetzt. Nur in der Stube hat sich die alte Blockbauweise erhalten. Hier war das Baumaterial nicht durch die Ausscheidungen der Tiere zerstört oder wie in der Küche mit der offenen Feuerstelle durch einen ungewollten Brand gefährdet. Das für das Haus nachgewiesene Strohdach muss regelmäßig in mühevoller Handarbeit ausgebessert werden.

Im Museum wird der Bauzustand des ausgehenden 18. Jahrhunderts gezeigt, als der Hof in voller wirtschaftlicher Blüte stand. Später erfolgte Änderungen wurden nach Befunden durch die Bauforschung rückgängig gemacht. Dieser Zeitstellung entspricht auch die Gestaltung des Hofzaunes aus Weidengeflecht. Ein solcher Zaun ist typisch für das Spätmittelalter und die frühe Neuzeit. Seine Bauweise ist durch Darstellungen in alten Gemälden bekannt.

Der Hof „Paulerverl“ ist im fränkischen Fachwerkstil errichtet. Das steile Dach mit Krüppelwalm war um 1790 mit Stroh gedeckt.

Sorgfältige Malereien zieren die Gefache im Giebel. Das Datum 1783 markiert eine umfassende Gebäuderenovierung mit nachhaltigen Veränderungen.

Geschichte des Hauses

Seit 1524 ist der Bauernhof archivalisch nachgewiesen. Der Besitzer hieß Ulein Schreber. Er wohnte in dem Vorgängergebäude zu dem vorhandenen Gebäude, das 1697 von dem damaligen Inhaber Georg Friess völlig neu errichtet wurde. Das Bauerngeschlecht der Friess war 1623 durch Heirat auf den Hof gekommen und blieb 240 Jahre lang auf dem Anwesen. Um 1800 wurden tiefgreifende Veränderungen am Gebäude durchgeführt, große Bereiche der hölzernen Außenwände wurden nun durch ein Mauerwerk ersetzt. Im Verlauf des 19. Jahrhunderts erlebte der Hof einen wirtschaftlichen Niedergang, der um 1850 in die Versteigerung mit Zertrümmerung des landwirtschaftlichen Grundbesitzes führte. Mit Ulrich und Barbara Harrer kam 1868 eine neue Familie auf den Hof. 1979 erwarb der Bezirk Oberpfalz das Gebäude für sein Freilandmuseum, nachdem die Eigentümer vorher bereits ein neues Haus errichtet und das alte hatten leer stehen lassen.

Im Haus „Paulerverl“ sind im Obergeschoss zwei sehenswerte Ausstellungen untergebracht. Die eine zeigt einen Überblick über den unterschiedlichen ländlichen Hausbau in der Oberpfalz, die andere widmet sich dem „Haisl hinterm Haus“, also den Aborthäuschen als früher so selbstverständlichen Nebengebäuden, die heute beinahe vollständig von der Bildfläche verschwunden sind.

Jeden Sonntag wird im frei stehenden Ofen Brot gebacken. Weithin duften die Laibe, wenn sie aus dem Backofen geholt werden. Alois Lippert klopft auf ein Brot und prüft, ob es durchgebacken ist.

Typisch für das Fachwerk im fränkischen Stil ist die „Mann-Verstrebung". Der senkrechte Ständer stellt den Körper dar, von seiner Mitte gehen schräg in der Form eines Andreaskreuzes die Streben als Arme und Beine weg.

Der Urschlbauer

halber Hof aus Gebertshofen
Landkreis Neumarkt

Das Wohnstallhaus mit dem daneben stehenden Stall für Schafe und Schweine stammt von der gleichen Hofstelle. Als Ersatz für den nicht mehr vorhandenen ursprünglichen Stadel wurde im Museum eine 1766 errichtete Zehntscheune aus Stöckelsberg hinzugefügt. Ein frei stehendes Backofengebäude aus Traunfeld komplettiert die Hofanlage. Beide Orte liegen in der Nähe von Gebertshofen.

Das Wohnstallhaus hat ähnlich wie der „Paulerverl" einen fast quadratischen Grundriss, jedoch betritt man das Gebäude traufseitig. Es repräsentiert die Zeit zu Beginn der 1950er Jahre, als es bereits mit Strom versorgt und anstelle von Stroh mit Ziegeln gedeckt war. Im Giebel beeindruckt das schön gestaltete Fachwerk im fränkischen Stil.

Geschichte des Hauses

Aus den schriftlichen Unterlagen ist der Hof seit 1573 bekannt. Wann er errichtet worden war, liegt im Dunkel. Das Haus muß schon älter gewesen sein, denn 1578 wurden der Stall und 1587 der Wohnbereich von dem damaligen Besitzer Leonhard Polland durch einen Neubau ersetzt. Auch später sind immer wieder Umbauten und bauliche Neuerungen erfolgt. Nach mehreren Besitzerwechseln erscheint in den Archivalien 1717 erstmals der Hofname „Ursenhof", seit 1749 ist der Name „Urschlhof" bezeugt. Zu dieser Zeit gehörten zur Hofstelle neben dem Wohnstallhaus noch der frei stehende weitere Stall, eine Scheune und ein Backhaus. Im 19. Jahrhundert wurde dazu vorübergehend ein Getreidespeicher genannt, ansonsten veränderte sich die Situation bis in die zweite Hälfte des 20. Jahrhunderts nicht mehr.

Mit Geduld läßt das Schaf die sommerliche Schur über sich ergehen, zu der auch die Pflege der Klauen gehört.

Auch hier im Urschlbauernhof haben Menschen und Tiere den gleichen Eingang ins Haus. Ein richtiger Misthaufen „ziert" den Hofraum.

Das Hüthaus aus Thonlohe
Landkreis Regensburg

Der „Tangrintel“ ist eine Landschaft im Westen der Oberpfälzer Bezirkshauptstadt Regensburg. In seiner Mitte liegt die Stadt Hemau. Das Gebiet gehört geographisch zum Oberpfälzer Jura und hauskundlich zur Landschaft des Altmühljura. Signifikantes Merkmal ist das flache Dach, das mit Kalkschieferplatten gedeckt ist.

Unweit von Hemau befindet sich das Dorf Thonlohe. Von hier stammt das Hüthaus, eine Ständerblockbaukonstruktion, die 1676 von der Gemeinde errichtet worden ist. Es ist im Lauf der mehr als drei Jahrhunderte mehrfach umgebaut worden. Heute stammt nur mehr der Mittelteil mit dem Eingang bis zur gegenüberliegenden Hauswand aus der Erbauungszeit. Um 1825 beispielsweise wurden die Holzwände in der Rußkuchl durch Steinmauern ersetzt. Der übrige Blockbau hielt sich bis um 1890, dann wurde er im Bereich des Stalles und in der Stube durch massives Mauerwerk ausgetauscht. In dieser Zeit kam ein Kellerraum ins Haus. Bis zur Mitte des 20. Jahrhunderts stand auf dem Grundstück auch ein Backofen mit Schweinestall und Aborthäuschen. Sie wurden aufgrund vorhandener Abbildungen und schriftlicher Unterlagen im Museum rekonstruiert. Der letzte Umbau erfolgte ca. 1970, als der ehemalige Stall zu zwei Wohnräumen umgestaltet wurde. Für den Wiederaufbau im Museum wurde die Situation des Jahres 1890 wieder hergestellt.

Das einfache Hüthaus war ursprünglich in Gemeindebesitz. Es wurde bis 1958 von Hirten bewohnt und diente gleichzeitig als Armenhaus. Mit der Übertragung ins Museum wurde ein wichtiges Zeugnis der Ständerblockbauweise gerettet.

Zum Haus gehörten ein Backofen und ein Schweinestall. Daneben steht ganz selbstverständlich das hölzerne Aborthäuschen.

Geschichte des Hauses

Namentlich sind Hirten in Thonlohe seit 1719 mit der Familie Regenspurger bekannt, doch ist wohl der Beruf des von der Gemeinde angestellten Hirten oder „Hüters“ schon länger vertreten. Immerhin wurde das Hüthaus ja 1676 neu erbaut. Neben der Unterkunft für die Familie des von der Gemeinde angestellten Hirten diente das Haus auch als Armenwohnung des Dorfes. Vor diesem Hintergrund ist es verständlich, dass die Bewohner in unregelmäßigen Abständen wechselten. Im 19. Jahrhundert ist gelegentlich der Beruf des Webers neben dem des Hirten bei den Bewohnern genannt. 1958 erlosch mit dem Auszug der Familie Frank der Hirtenberuf in Thonlohe. 1960 verkaufte die Gemeinde das Anwesen in Privatbesitz. 1996 mußte es einem Neubau weichen und kam ins Oberpfälzer Freilandmuseum.

DAS NAABTALDORF

Oberpfälzer Putzbänderhaus und Glockenturm als Dorfmittelpunkt

Auf dem Weg von der Tafernwirtschaft aus Unterbürg zum Ausgang führt der Weg durch die jüngste Baugruppe des Oberpfälzer Freilandmuseums. Sie besteht aus zwei Anwesen, die einmal bewohnt waren, einer Kegelbahn, einem Glockenturm, einer Genossenschaftsscheune, einem Unterstand für landwirtschaftliche Geräte und einem Warenlagerhaus mit Bahnanschluß. Außerdem lädt hier ein Teil des Museumsgeländes insbesondere die Kinder zum Verweilen ein: Da steht ein Brunnen mit fließendem Wasser, ein Tummelplatz gibt Raum zum Herumtollen, ein kleiner Hang verleitet zu einer Rutschpartie, in den Boden gesteckte Weidenruten reizen zum Versteckspiel oder zum Gang durch ein Labyrinth, Mauerreste eines verfallenen Hauses bieten sich zum Klettern an, ein Hügel verleiht das Gefühl der Weite. Hier ist die Situation des Spielens auf dem Dorf in einer vergangenen Zeit nachempfunden. Den Kindern auf den Bauernhöfen der Vorkriegszeit war ein städtischer Abenteuerspielplatz unbekannt. Das vorgegebene Gelände am Dorfrand bot genügend Unterhaltung und Abenteuer an, man musste nur seiner Phantasie etwas freien Lauf lassen.

Über den unteren Mühlenteich erfaßt der Blick das „Naabtaldorf". Im Hintergrund erheben sich die Höhenzüge jenseits der Naab.

Die Wohngebäude unterscheiden sich im „Naabtaldorf" grundlegend von allen anderen in den übrigen Baugruppen: sie bestehen nicht aus Holzkonstruktionen in Block- oder Fachwerkbauweise, sondern sind vollständig aus Steinen gemauert. Und sie stammen aus der Zeit nach 1800, während die Häuser im Stiftland-, Waldler- und Juradorf alle auf frühere Zeiten zurückzuführen sind.

Das 19. Jahrhundert ist für die Landwirtschaft eine Zeit des gewaltigen Umbruchs. Die Wurzeln der Entwicklung liegen in den Erfindungen, die zur industriellen Revolution geführt haben, das Ende der Umwälzungen ist noch nicht abzusehen. Die Veränderungen in der Technik gehen einher mit einem tiefgreifenden sozialen Wandel. Die ländlichen Unterschichten wanderten in die Industriereviere ab, Maschinen ersetzten und ersetzen weiterhin die menschliche Arbeitskraft. Die Eisenbahn verband das Dorf mit der großen weiten Welt. Sie erleichterte den Warenverkehr, indem sie die Bauern mit Kunstdünger und Saatgut versorgte und andererseits den Transport der landwirtschaftlichen Produkte in ferne Regionen ermöglichte. Handelsorganisationen mit Zuschnitt auf die Landwirtschaft und vor allem das genossenschaftliche Bankenwesen nach dem Vorbild von Wilhelm Raiffeisen wurden zu überlebenswichtigen Partnern der Bauern, die nun – von der historischen Grundherrschaft mit ihren Abgabenpflichten befreit – sich zu selbstständigen Wirtschaftsbetrieben entwickelten. Zeitgleich veränderten sich die Gewohnheiten in der Tierhaltung und im Anbau

Vor der Schmiede aus Klardorf ranken die Bohnen im wohl gepflegten Bauerngarten empor.

der Früchte. Der frühere Weidegang der Tiere wurde schrittweise in die Stallhaltung übergeführt, auf den einstens beweideten Brachfeldern baute man nun Futterpflanzen an und die Kartoffel begann ihren Siegeszug in der Ernährung.

Auch die Veränderungen in der ländlichen Bauweise treten nun deutlich zu Tage. Nicht zuletzt war die Einführung der staatlichen Brandversicherung zu Beginn des 19. Jahrhunderts mit der Gestaltung ihrer Versicherungsprämien entscheidend daran beteiligt, dass die Bauherren von der traditionellen Holz- zur Steinbauweise übergingen und die Dächer ihrer Gebäude nun nicht mehr mit Stroh oder Schindeln, sondern mit harten und feuerfesten Ziegeln bedeckten. Die Häuser und damit auch die Dörfer veränderten ihr Gesicht. Vor allem in den Siedlungen entlang der Naab und der Vils sowie in der Nähe der großen Städte, deren Bauweise schon immer stilbildend auf das Umland abfärbte, entstanden immer mehr Häuser in Ziegelbauweise. Die dafür benötigten Ziegelsteine bezog man aus den überall wirtschaftlich aufblühenden Ziegeleien, die schon erwähnte Eisenbahn erleichterte den Transport großer Mengen dieses Baumaterials. Die mit Beginn des 19. Jahrhunderts und vereinzelt schon früher „in Mode" gekommenen Häuser sind in der Form schlicht gehalten, haben ein mittelsteiles Dach ohne Überstand und ausgewogene Proportionen. Ihre Mauern sind meist mit farbigem Rauhputz versehen, während die Gebäudekanten, die Geschossgrenzen und die Fenster- und Türumrahmungen in der Regel glatt und weiß geputzt sind. Man spricht bei diesem in den mittleren Regionen der Oberpfalz besonders häufig anzutreffenden Stil vom „Oberpfälzer Putzbänderhaus".

Die beiden Gebäude im Oberpfälzer Freilandmuseum, die den neuen Baustil repräsentieren, stammen aus dem Umkreis von Weiden und Schwandorf. Beide Städte liegen an der Naab. Dies begründet die Bezeichnung „Naabtaldorf" für die gesamte Baugruppe im Museum.

Der Schallerhof aus Trauschendorf

Stadt Weiden

Der Dreiseithof wird von einer Mauer mit einem großen Hoftor nach Süden hin abgeschlossen. Dieses gemauerte Tor ist als ganzes Stück ins Museum übertragen worden. Das dazugehörige farbige Wohnstallhaus mit den weißen Putzbändern ist 1811 nach einem Dorfbrand in Trauschendorf auf dem Grund eines Vorgängergebäudes neu entstanden und war um 1990 in einem sehr ruinösen Zustand. Große Teile des Mauerwerks und des Dachstuhls waren im Original nicht mehr zu retten und mussten durch neue Materialien ersetzt werden.

Der Türgriff am Eingang zur Bauernschänke im Schallerhof wurde oft in die Hand genommen. Wenn man nur immer wüsste, welche Gäste es sind, die da das Haus betreten!

Der Torbogen beim Schallerhof wurde in einem Stück ins Museum geholt und hingestellt. Das dürfte den Ochsen Max und Moritz aus der Rasse des früher heimischen Rotviehs aber ziemlich egal sein, wenn sie mit Alois Lippert ihrer Arbeit nachgehen.

Kaum noch zu retten schien der Schallerhof in Trauschendorf, nachdem er so lange Zeit leer gestanden hatte.

Die Inschrift im Deckenbalken der Stube nennt das Jahr der Wiedererrichtung nach dem Brand.

Geschichte des Hauses

Vermutlich geht der Name des Hofes auf jenen Wilhelm Schaller zurück, der 1551 bis 1569 in Trauschendorf lebte und zum Spital in Weiden zehentpflichtig war. In der Folgezeit ist der Familienname Schaller bis 1676 wiederholt in Trauschendorf belegt, dann werden die schriftlichen Nachweise lückenhaft. Von 1707 bis 1759 besaß die Familie Peuerl das Anwesen, dann übernahm es Michael Kleiner. Über Heiratsverbindungen gelangte es 1763 an Nikolaus Aertl (auch „Ertel" oder andere Schreibweisen). Sein Sohn Michael war von 1802 bis 1825 Besitzer des Hauses. In seine Lebenszeit fällt jene Brandkatastrophe, die nach mündlicher Überlieferung 1811 beinahe das ganze aus 20 Höfen und Häusern bestehende Dorf in Schutt und Asche gelegt hat. Nur drei Anwesen waren verschont geblieben. Im Zuge der Wiederaufbauleistungen entstand auch der Schallerhof neu. Die im Unterzugbalken der Stube eingeschnitzte Jahreszahl 1811 mit den Initialen M A für Michael Aertl dokumentieren den Neubau.

Bis 1865 blieb die Familie Aertl auf dem Hof, dann erkaufte ihn ein gewisser Jakob Schmaus. Er starb jedoch schon nach wenigen Jahren. 1869 erwarben Sebastian Schönberger aus Kaimling und seine Frau Margaretha den Schallerhof durch Tausch. Ihr Sohn Adam erhielt 1886 die Konzession zur Führung einer Bierwirtschaft. Seither wurde in der Stube des Hauses Bier ausgeschenkt. Bis 1891 lieferte die Brauerei Eckl aus Roggenstein und dann bis 1961 die Brauerei Hösl aus Irchenrieth die Getränke in den Schallerhof. Nach mündlicher Überlieferung ereignete sich 1905 ein tragischer Zwischenfall: Ein Gast wurde von seiner Frau aus der Bierstube nach Hause geholt, weigerte sich jedoch und erstach sie im Streit. Ein Wanderführer des Jahres 1907 beschreibt das Wirtshaus als höchst einfache Einkehrgelegenheit ohne eigentliches Gastzimmer. Das Bier wurde in der häuslichen Stube ausgeschenkt.

1932 übernahm Georg Schönberger mit seiner Frau Rosina das Anwesen. Er ließ im folgenden Jahr die Abortanlagen draußen im Hof nach den Vorschriften des Bezirksamtes Neustadt umbauen. Nach seinem Tod heiratete Rosina 1939 seinen Bruder Otto und führte den Betrieb bis 1954 weiter, dann ging er auf Otto über. Ab 1963 war Georg Schönberger Eigentümer. Er schloss am Ende des Jahres die Gaststätte. 1965 erbaute er sich auf der gegenüberliegenden Straßenseite ein neues Wohnhaus und nutzte den Schallerhof nur noch für landwirtschaftliche Zwecke. Sein Sohn Johann ließ 1980 für drei Jahre die Wirtshaustradition in anderer Form wieder aufleben. Er richtete eine Diskothek ein, die sich guten Zulaufs erfreute. Als jedoch einer der Gäste in offenbar alkoholisiertem Zustand die Straßenbeleuchtung des Dorfes zerstörte, mußte die Diskothek geschlossen werden. Anschließend stand das Wohnstallhaus leer und war dem Verfall preisgegeben.

Der Glockenturm markiert den Mittelpunkt des Naabtaldorfes. Eine Volkstanzgruppe mit Schäfern aus der Oberpfalz und ihren Frauen zeigt einen Figurentanz.

Der Garten bei der Schmiede wird von Kindern gepflegt – unter der Anleitung einer Gartenfachfrau wie Anna Süß macht das auch Spaß. Und wie sieht es zu Hause aus?

Im Oberpfälzer Freilandmuseum ist das Wohnstallhaus baulich auf die Zeit nach 1939 zurückgeführt. In jenen Jahren war es noch Bauernhaus und gleichzeitig Bierwirtschaft. Hier tagte der Gemeinderat und während des Krieges waren Kriegsgefangene zur landwirtschaftlichen Arbeit einquartiert. Auch beherbergte das Haus zeitweilig die unter dem Krieg leidende Verwandtschaft aus Köln und Berlin.

Die Hofanlage wird ergänzt durch eine Scheune aus Neudorf im Landkreis Neustadt an der Waldnaab aus dem Jahr 1814. Auch in diesem Ort wütete ein Brand und zerstörte das ganze Dorf, so dass in der Folge alle Gebäude neu errichtet werden mussten. Weiterhin gehören zum Hofraum eine auf 1852 datierbare Scheune aus Braunetsrieth im Umkreis von Trauschendorf und ein Backofen nach dem Vorbild eines Ofens aus dem ebenfalls in der Nähe gelegenen Roggenstein.

Der Glockenturm aus Denglarn
Landkreis Schwandorf

An zentraler Stelle des „Naabtaldorfs" steht der hölzerne Glockenturm aus Denglarn im Osten des Landkreises Schwandorf. Es handelt sich dabei um eine sich nach oben verjüngende Ständerkonstruktion von insgesamt 8,20 m Höhe, die rundum verbrettert ist und an der Spitze ein Blechdach aufweist.

Solche Gebäude sind vor allem in den östlichen Teilen der Landkreise Schwandorf und Neustadt a. d. Waldnaab üblich. Sie stehen in Siedlungen, die keine eigenen Kirchen oder Kapellen haben. Andere Landschaften kennen stattdessen Dachreiter mit einem Glockenstuhl auf einem Wohngebäude. Glockentürme haben seit alters her die Aufgabe, im Gefahrenfall die Bevölkerung zu warnen oder einen Todesfall zu verkünden. Darüber hinaus wurde die in der Turmspitze befestigte Glocke regelmäßig zur Mittags- und Abendzeit geläutet. Sie zeigte den auf dem Feld Arbeitenden die Zeit der Pause und des Feierabends an, die traditionellerweise mit dem Angelus-Gebet eingeleitet wurde.

Geschichte des Turms

Der Glockenturm wurde erst 1966 von dem Zimmermeister Albert Ettl aus Dieterskirchen in Denglarn völlig neu erbaut und ist damit eines der jüngsten Architekturobjekte des Museums. Er löste einen früheren Glockenturm ab, der 1922 an einem anderen Standort des Dorfes errichtet und 1945 instandgesetzt worden war.

1981 wurde der Glockenturm als ganzes Stück ins Oberpfälzer Freilandmuseum übertragen. Er stand ab 1986 provisorisch im Waldlerdorf an einer für eine Kapelle vorgesehenen Stelle. Bei der Anlage des Naabtaldorfes wurde er als Ortsmittelpunkt dorthin umgesetzt.

Sein Abbruch in Denglarn hat einen bemerkenswerten Hintergrund: Nach Berichten von Dorfbewohnern wollte die Freiwillige Feuerwehr Haag bei Schwarzhofen anläßlich ihres 80jährigen Gründungsjubiläums eine Fahnenweihe mit einem festlichen Feldgottesdienst abhalten. Der damalige Pfarrer wollte jedoch keinen Gottesdienst unter freiem Himmel feiern. Kurzerhand beschlossen also die Bürger den Bau einer neuen Kapelle, denn sie wollten den Festgottesdienst nicht andernorts begehen. Der Glockenturm hatte nun keine Funktion mehr und wurde dem Oberpfälzer Freilandmuseum übergeben. Doch am Tag des großen Festes hat es dermaßen geregnet, dass jegliche Aktivitäten im Freien einschließlich des geplanten Festumzugs abgesagt werden mussten. Der Festgottesdienst wurde mitsamt der Fahnenweihe ins Bierzelt verlegt, denn sonst wäre nicht nur der Pfarrer, sondern auch alle anderen Gottesdienstbesucher völlig durchnässt gewesen.

Die Kegelbahn aus Ottenzell
Landkreis Cham

Gegenüber dem Schallerhof steht die Kegelbahn aus Ottenzell als ein langgezogener hölzerner Ständerbau mit einem Anbau, dem so genannten Kegelhaus. Die Bahn selbst stammt aus dem Jahr 1912. Sie stand auf dem Grundstück des Ludwig Achatz. Zu ihr gehörte ein gemauertes Kegelhaus, das jedoch nicht ins Museum mit übernommen werden konnte. Es wurde durch ein hölzernes Kegelhaus ersetzt. Ein Eichenholzbalken markiert die Mittellinie, auf der mit ruhiger Hand die Kugel geschoben werden sollte. Am Ende der Bahn ist der Platz zur Aufstellung der Kegel. Üblicherweise konnten sich hier die Buben des Dorfes ein kleines Taschengeld verdienen. Während die Kugel rollte, stand einer von ihnen auf einem kleinen Trittbrett an der Seite der Bahn. Für den Rücklauf der Kugeln zu den Spielern ist eine Rinne an der Seitenwand angebracht.

Das Kegelspiel ist im deutschsprachigen Raum seit der Mitte des 13. Jahrhunderts als gesellige Unterhaltung bekannt. Es fand ursprünglich im Freien statt und wurde als Glücks- und Wettspiel von der Kirche bis zum Ausgang des Mittelalters bekämpft. Erst die Entwicklung zum allgemeinen Volkssport ohne Glücksspielcharakter brachte die Duldung mit sich. Besonders in der zweiten Hälfte des 19. Jahrhunderts, als sich die Berufsstrukturen auf dem Land und damit das Freizeitverhalten der Landbewohner veränderten, erblühte das „Kegelschieben“ in den Dörfern. Da sich die mittlerweile überdachten Kegelbahnen in der Regel bei Gasthäusern in der Nachbarschaft zu Kirchengebäuden befanden, gab es oft Streit mit den örtlichen Pfarrherrn, wenn während der Gottesdienste der Lärm von den Kegelbahnen ertönte.

Bei einer alten Holzkegelbahn werden die Kegel von Hand aufgestellt. Das „Kegelscheib'm“ ist ein besonderes Vergnügen. Übrigens: Die Kegelbahn kann man stundenweise mieten.

Kritisch prüft der Rechenmacher Hubert Grieb, ob auch alles richtig ist.

Mit unglaublicher Präzision setzten zwei Autokräne die Blöcke zusammen, in welche die Schmiede zerlegt und ins Museum gebracht worden ist. Nur so konnten Putz und Farbe im Original erhalten werden.

Die Küche der Schmiede ist so eingerichtet, wie die letzte Bewohnerin sie 1987 verlassen hat.

Die Schmiede aus Klardorf-Zielheim

Stadt Schwandorf

In dem Gebäude sind Wohnung, Schmiedewerkstatt und Stall auf engstem Raum vereinigt. Es ist ein wertvolles Beispiel sowohl für den Massivbau der mittleren Oberpfalz als auch für das ländliche Handwerk. Das einstöckige Haus mit Satteldach und Ziegeldeckung ist überwiegend aus unregelmäßigen größeren Sandsteinquadern gemauert, nur die Giebelseiten bestehen aus Ziegelmauerwerk. An den Wohnteil mit gewölbter Küche, Stube, Kammer und einer weiteren Kammer im Dachgeschoss schließt sich im mittleren Teil des Hauses die Werkstatt an, dann kommt ein kleiner Stall, über dem sich wieder eine Schlafkammer befindet. Auf der Hofseite ist der Werkstatt ein Beschlagstand für Pferde angefügt, der durch ein abgeschlepptes Dach vor Witterungseinflüssen geschützt wird, und dem Wohnteil ist ein kleiner, tonnengewölbter Außenkeller vorgelagert. Zur Anlage gehören eine Scheune, ein kleiner Schuppen als Eisenlager und ein Brunnen. Mit Ausnahme der Scheune stammen diese Nebengebäude vom Anwesen der Schmiede. Auch die Scheune war für die Übertragung ins Museum vorgesehen, sie fiel jedoch kurz vor dem Abtrag im März 1996 einem Brand zum Opfer und wurde durch ein Gebäude aus Brennberg ersetzt.

Geschichte des Hauses

1830 erwarb der Schmied Georg Huber mit seiner Frau Elisabeth von Georg Pollwein ein Grundstück in Zielheim mit einer Fläche von 0,33 Tagwerk, auf der er eine Hufschmiede neu errichtete. Zum Grundstück gehörte nach der Beschreibung im Kataster von 1852 das Wohnhaus mit Stall und Schmiede, eine Scheune, Schweineställe, der am Haus angebaute Keller, ein Backofen, der Brunnen und der Hofraum. In der Firstsäule der abgebrannten Scheune befand sich die eingeschnitzte Inschrift „Georg Huber 1832“. Sie nannte das exakte Baujahr für dieses Nebengebäude.

1872 übergab Georg Huber seinen mittlerweile auf 6,27 Tagwerk angewachsenen Besitz an seinen Sohn Johann bei dessen Heirat mit der Bauerntochter Maria Braun aus Zielheim. Johann führte die Schmiede weiter und konnte den Grundbesitz auf 17,03 Tagwerk vergrößern. Einer seiner drei Söhne, der ebenfalls Johann Huber hieß, übernahm 1901 das Schmiedeanwesen. Er gab den Schweinestall auf. 1906 verkaufte er die Schmiede an Josef Tausendpfund mit seiner vierköpfigen Familie. Dessen Sohn Hans sollte einmal sein Nachfolger werden, er fiel jedoch als Soldat im Ersten Weltkrieg. Aus diesem Grund ging der Besitz 1924 an die Tochter Babette und deren Bräutigam Alois Karl aus Etterzhausen über. Bis zu seinem Tod 1981 bediente Alois Karl die Esse und arbeitete in der Schmiede. Mittlerweile war jedoch die Blütezeit der Werkstatt längst vorbei. In den letzten Jahren kamen kaum noch Aufträge. Die Reparatur und der Handel mit Landmaschinen sowie mit Fahrrädern sorgten für den Lebensunterhalt. 1987 verließ auch die Witwe Babette Karl das Haus und ging in ein Altenheim. Noch vor ihrem Tod war sie damit einverstanden, dass die Schmiede ins Oberpfälzer Freilandmuseum übertragen werden sollte.

Nach der Übertragung ins Museum war nicht mehr zu sehen, an welchen Stellen das Gebäude für den Transport getrennt gewesen war.

Als ob der Schmied gerade seinen Hammer zur Seite gelegt hätte, ist die Werkstatt im Original eingerichtet.

Leuchtende Sonnenblumen vor dem Fenster der Schmiede erfreuen Augen und Herz.

Bis 1969 war der „Dreschkasten“ in genossenschaftlichem Betrieb. Zwei Maschinisten arbeiteten hier nach genau geregelten Dreschzeiten. Konrad Uschold prüft gerade das gedroschene Getreide.

Der Dreschstadel aus Niedermurach

Landkreis Schwandorf

Die einfache und unscheinbare Scheune ist nicht so sehr wegen ihrer baulichen Beschaffenheit als vielmehr wegen ihrer Beispielhaftigkeit für eine bäuerliche Selbstorganisation im Museum. Schriftliche Unterlagen für das Gebäude gibt es kaum, doch ist seine Geschichte durch Zeitzeugenberichte dokumentiert.

Die Bauern von Niedermurach hatten sich in der ersten Hälfte des 20. Jahrhunderts zu einer Dreschgenossenschaft zusammengeschlossen, um gemeinsam eine Dreschmaschine zu erwerben und zu betreiben. Sie war im Stadel des Pfarrhofes untergebracht und wurde für die Drescharbeit bei Bedarf und in Absprache mit den Genossenschaftsmitgliedern von Hof zu Hof gezogen. 1941 errichtete diese Genossenschaft auf einem gemeindeeigenen Grundstück eine eigene Scheune zur Unterbringung der Dreschmaschine. Jedes Mitglied musste für den Neubau einen Anteil von Holz bereitstellen. Tatkräftige Unterstützung leisteten beim Bau der Scheune zahlreiche fremde Personen. Nach unterschiedlichen Angaben waren es Mitglieder des Reichsarbeitsdienstes oder Soldaten, die im Winter 1941/42 von der Ostfront in Niedermurach zur Erholung einquartiert waren. Jedes Haus war verpflichtet, einen oder zwei der Männer aufzunehmen.

Der Dreschgenossenschaft war eine Raiffeisenkasse angeschlossen. Sie besorgte den Stromanschluss für das Gebäude und betrieb darin eine elektrische Getreideputzanlage. Diesen Stromanschluss durfte die Dreschgenossenschaft gegen Abrechnung mitbenutzen. Für die Drescharbeit wurden anfangs noch zwei Maschinisten benötigt. Der eine kümmerte sich um das Aufschneiden der vom Bindemäher zusammengefassten Getreidegarben, der andere stand oben auf der Maschine und führte das Getreide ein. Später – vermutlich 1944 – schaffte sich die Genossenschaft eine neue Maschine mit einem automatischen Messer und mechanischem Einzug an, so dass nur noch ein Maschinist gebraucht wurde. Für eine Getreidefuhre veranschlagte man eine halbe Stunde Dreschzeit. Das Hauptgetreide war der Roggen, später kam gelegentlich Sommergerste dazu. Die Dreschzeit begann bereits im Sommer unmittelbar nach der Ernte, wenn die Strohvorräte des Vorjahres aufgebraucht waren. Zum Jahresende hin war dann alles in der Gemeinde anfallende Getreide fertiggedroschen.

Der nachlassende Bedarf an der Nutzung der alten Dreschmaschine führte 1973 zur Aufgabe des genossenschaftlichen Dreschens.

Eine letzte Gemeinschaftsleistung vollbrachte die Dorfbevölkerung von Niedermurach an ihrem Dreschstadel, als sie ihn 1995 zusammen mit dem Fachpersonal des Oberpfälzer Freilandmuseums zerlegte und ins Museum brachte. Auch die Dreschmaschine der Genossenschaft zog mit um und hat hier wieder ihren Platz gefunden.

Die Raiffeisenhalle aus Floß

Landkreis Neustadt a.d. Waldnaab

Die verbretterte Ständerkonstruktion ruht auf einem Sockel aus Bruchsteinmauerwerk. Das flache Dach ist mit Thüringer Schieferplatten gedeckt. Das Gebäude besteht aus einer Lagerhalle, von der ein Teil für Ausstellungszwecke abgetrennt wurde, einem Büro mit Schalter zur Lagerhalle, einem kleinen dahinterliegenden Büroraum und einem angebauten Schupfen. Es handelt sich um eine der ältesten und letzten noch erhaltenen Hallen Bayerns für die Warenlagerung einer Raiffeisengenossenschaft.

Geschichte der Halle

Am 8. Januar 1893 wurde in Floß ein Darlehenskassenverein gegründet, der sich gemäß seiner Satzung um den genossenschaftlichen Bezug von Mineraldünger, Saatgut und Kohlen für die Bauern des Ortes kümmerte. Auch der Warenabsatz gehörte zu seinen Aufgaben. 1896 übernahm der Verein den Verkauf des in dieser Gegend überwiegend angebauten Hafers an ein staatliches Proviantlager. Zu diesem Zweck benötigte er eine Lagerhalle. Nach der vorübergehenden Anmietung einer Güterhalle am Bahnhof beschloss die Generalversammlung im Frühjahr 1899 den Bau einer eigenen Halle. Diese wurde noch im selben Jahr auf dem Gelände der Königlich Bayerischen Staatsbahn in Floß errichtet und in Betrieb genommen. Die wirtschaftliche Entwicklung bewies die Richtigkeit der Maßnahme. Während des Ersten Weltkrieges übernahm der Staat auch in Floß das Getreidegeschäft in Zwangsbewirtschaftung, dann ging der Warenhandel wieder an den Darlehenskassenverein zurück. 1922 wurde der Betrieb des Lagerhauses an die Deutsche Raiffeisenbank in Nürnberg verpachtet, die Geldgeschäfte verblieben beim Verein in Floß. 1929 übernahm die Firma BayWa die Deutsche Raiffeisenbank in Nürnberg und damit auch das Warenlager in Floß. Nach den Wünschen der neuen Eigentümerin wurde 1932 ein Verwalterzimmer und ein Schalterraum zur Abwicklung des Parteiverkehrs eingebaut. Bis 1979 blieb die Halle als Pachtobjekt bei der BayWa, dann wurde sie an diese Organisation verkauft. Doch 1992 wurde der Lagerhausbetrieb aufgegeben. Es etablierte sich der Verein „F.W. Raiffeisen-Förderverein e.V." mit dem Ziel, die Floßer Lagerhalle als kulturgeschichtlich bedeutendes Gebäude zu erhalten. Er bot die Halle dem Oberpfälzer Freilandmuseum an und trug 1993 alle Kosten der Übertragung und der musealen Ausstattung.

Hier wurde mit der Mark gerechnet – zuerst mit der Reichsmark, dann mit der D-Mark. Zum Ende der Weimarer Republik ging es um Milliarden und Billionen.

Im Museum dient das Gebäude zur Darstellung der Geschichte des ländlichen Genossenschaftswesens in der Oberpfalz mit dem Schwerpunkt der Raiffeisen-Organisation. Darüber hinaus wird die Halle gerne für Veranstaltungen aller Art genutzt.

ES WAR EINMAL EINE ZEIT...

Vergangenheit als Erlebnis

Das Oberpfälzer Freilandmuseum zeigt im Wesentlichen die Verhältnisse auf dem Lande vor der Industrialisierung. Die Umwälzungen, die sich zuerst durch die Mechanisierung – ein Vorgang, der sich in der Oberpfalz bis in die 50er Jahre des 20. Jahrhunderts hinzog – und mittlerweile auch durch die Digitalisierung ergeben haben, sind so gravierend, dass es wichtig erscheint, den Besuchern die alte Zeit wieder näher zu bringen.

Es war einmal eine Zeit, da hat man alles mit der Hand gemacht, da hat man nicht geglaubt, die Kühe seien lila, da hat man sich noch über ein Butterbrot gefreut...

Über Jahrhunderte haben die meisten Menschen so oder so ähnlich gelebt wie die Familien in den Häusern des Freilandmuseums, indem sie nämlich das, was sie gebraucht haben, auch selber produziert haben. Es ist davon auszugehen, dass das hier gezeigte Leben, das vor zwei bis drei Jahrzehnten noch vielen Besuchern vertraut war, wenn auch nicht mehr persönlich, so doch über die Großeltern, immer exotischer wird.

Wie waren Kartoffelferien früher wirklich? Es waren „Krumme-Buckel-Zeiten"! Und nichts sollte auf dem Acker zurückgelassen werden! Bei dieser Arbeit steigt die Wertschätzung für die Feldfrüchte.

Diese vergangene und fremde Zeit wieder näher zu bringen, geschieht in einem Freilandmuseum auf ganz besondere Weise. Das Museum hat nämlich, im Gegensatz zu einem Heimatmuseum oder historischen Museum, die Möglichkeit, auf alle Sinne des Besuchers einzuwirken. Der Hahn kräht herausfordernd, das trocknende Heu riecht nach Sommer, die Bauerngärten erfreuen das Auge und so mancher stößt sich den Kopf an den niedrigen Türbalken. Nein, daran kann man nicht erkennen, dass die Menschen früher viel kleiner waren, sondern dass die Bewohner bemüht waren, so wenig Wärme wie möglich aus den Stuben entweichen zu lassen. Erklärungen tun also Not. Daher nehmen viele Besucher das Angebot wahr, das Museum mit einer Führung zu erkunden. Die Museumsführer, von denen viele schon seit der Gründung des Museums hier tätig sind, haben sich regelmäßig fortgebildet und sind erfahren im Umgang mit unterschiedlichen Gruppen. Einige sind gleichzeitig Zeitzeugen, weil sie ein solches Leben, wie es im Museum dargestellt wird, noch selbst erlebt haben. Andere können deshalb gut auf Besucher eingehen, weil ihnen das Leben auf dem Lande genauso fremd war, bevor sie sich näher damit auseinandergesetzt haben. Da das Thema „Wie lebten die Menschen vor 100 Jahren auf dem Land?" immer wieder Bezüge zu unserem Alltagsleben erlaubt, sind die Museumsführer nie dozierende Spezialisten, sondern Dialogpartner, die oft auch einen Erfahrungsaustausch ermöglichen. Das ist besonders bei den vielen Seniorenführungen so, welche das Wissen der Führer immer wieder bereichern. Programme mit an Demenz erkrankten Seniorenheimbewohnern wie Wäsche waschen und „Hollerköichl" backen zeigen, dass das Gesamtkonzept Freilandmuseum Erinnerungen wieder zulässt, die anders nur mühsam hervorgelockt werden können.

Die Düfte von Kräutern: in der Vergangenheit waren sie alltäglich, für junge Besucher sind sie eine neue Erfahrung und für die Älteren eine Erinnerung.

Hungrig und geschafft sind wir, aber das Abenteuer geht weiter. Der Leiterwagen ist nicht nur für das Heu gut und mit den Pferden ist es sowieso spannend.

Es war einmal eine Zeit, da sind die Kinder gerne zur Schule gegangen, da mussten sie zuhause hart arbeiten und schliefen auf einem Strohsack auf dem Dachboden...

Das Museum bietet eine Reihe von Sonderführungen an, wie zum Beispiel „Kindheit auf dem Lande“ oder „Als es noch keinen Fernseher gab“. Dazu passen auch die alten Kinderspiele, die von Zeit zu Zeit angeboten werden. Beliebt bei Kindern sind auch die Märchenführungen, bei denen Oberpfälzer Märchen und Sagen erzählt werden und auf die Alltagsgeschichte in den Märchen eingegangen wird. Welches Kind weiß heute noch, dass die Backöfen früher so groß waren, dass man mühelos eine Hexe darin verbrennen konnte?

Es ist allgemein bekannt, dass man Dinge noch besser versteht, wenn man sie ausprobieren kann. Daher bietet das Museum verschiedene Schülerprojekte an. Eines davon heißt „Leben und Arbeiten in der Landwirtschaft vor 100 Jahren“, eine Veranstaltung, die im Sommer an jedem Mittwoch stattfindet und am Schuljahresbeginn zumeist schon ausgebucht ist. Hier dürfen die Schüler in kleinen Gruppen bei den landwirtschaftlichen Tätigkeiten mitarbeiten. Heu rechen, Steine klauben, Ausbuttern und Stricke drehen sind einige Punkte aus diesem Programm. Donnerstags kommt der Bäcker und zeigt den Kindern, wie das Brot gebacken wird, und die Gartenfachfrauen des Landkreises Schwandorf vermitteln den Kindern, dass man Sorgfalt, Geduld und Fleiß braucht, um im Garten Blumen zum Blühen und Gemüse zum Wachsen zu bringen.

„Dabei hatten wir gedacht, die Butter sei viereckig und komme aus der Fabrik. Und Buttermilch? – echt cool, äih!“

„Noch nie hatten wir so einen Rechen in der Hand. Aber es geht ganz gut und der Herr Hägler vom Museum zeigt es uns ja auch, damit nichts von dem Heu verloren geht."

Es war einmal eine Zeit, da ist man mit allem sehr sparsam umgegangen, da gab es keine Restmülltonne und das Wasser kam nicht aus einem Wasserhahn...

Ein besonderes Anliegen ist dem Museum die Umweltbildung. Hier gibt es zum Glück Partner wie den Ameisenschutzverein Hirschberg, besonders aber den Landesbund für Vogelschutz, der schon seit vielen Jahren seine Umweltprojekte mit Schülern im Museum durchführt und auch einmal einen lebendigen Uhu zur Freude aller Besucher für das Ferienprogramm mitbringt. Höhepunkt der Bemühungen um die Umweltbildung ist zweifellos die Wasserwoche im Frühjahr. Durch die Zusammenarbeit aller Wasserwirtschaftsämter der Oberpfalz, der Forst- und Landwirtschaftsämter, der staatlichen Schulverwaltungsorganisationen, der Landratsämter und vieler Umweltstationen gelingt es Jahr für Jahr, eine ganze Woche täglich 15 Schulklassen in jeweils fünf Parcours mit dem Thema Wasser vertraut zu machen. Die Station des Museums beschäftigt sich natürlich mit der Frage, wie die Dorfbewohner früher mit dem Wasser umgegangen sind. Die eigene körperliche Erfahrung der Mühen, Wasser in einen schweren Holzkübel zu pumpen und ihn dann ins Haus oder in den Stall zu schleppen, lehrt die Schüler den sparsamen Umgang mit dem kostbaren Nass, wenn es nicht automatisch aus dem Wasserhahn läuft. Die Kulturlandschaft des Freilandmuseums hilft die Tatsache zu verstehen, dass die meisten unserer Umweltprobleme auch erst 100 Jahre alt sind. Der Fächer übergreifende Ansatz der Wasserwoche zieht mittlerweile auch das Interesse der Gymnasien auf sich, da im Fach Natur und Technik die Projektarbeit stark in den Vordergrund gerückt ist.

Sollten es nicht sieben Geißlein sein? Genau hinschauen, es sind sieben! Und wie schnell die auf die Weide wollen! So ein Hirte hatte was zu tun!

Das Museum ist natürlich kein Ort der nostalgischen Rückbesinnung. Wie das Leben in den früheren Zeiten wirklich gewesen ist und vor allem wie die Menschen es empfunden haben, können wir nicht wissen. Die Beschäftigung mit der Vergangenheit hat immer das Ziel, unseren heutigen Standpunkt zu bestimmen. Deshalb versucht das Museum die Besucher anzuregen, sich kritisch mit der Vergangenheit auseinander zu setzen. Wenn jemand entsetzt über die Landluft die Nase rümpft, wenn er über die Abende einer Zeit nachdenkt, als es noch keinen Fernseher gab, wird versucht, den Gästen klarzumachen, dass damals andere hygienische Vorstellungen herrschten und dass der Fernseher unsere Erzählkultur wohl doch stark hat verkümmern lassen. Wenn Besucher sich gemütlich zurücklehnen und von den glücklichen Familien, die zusammen unter einem Dach lebten schwärmen, wird ihnen erzählt, dass bei aller nostalgischen Verklärung die Menschen früher oft gehungert haben, dass man an einer Halsentzündung sterben konnte und dass die penibel ausgearbeiteten Austragsvereinbarungen nicht von einem naturgegebenen guten Verhältnis zwischen den Generationen zeugt. Ein kritischer Blick sowohl auf die alte als auch auf unsere Zeit wäre sozusagen das Lernziel. Geschichtsdarstellung ist immer nur in Fragmenten möglich. Im Besucher sollten diese Fragmente in der Vielfalt ihrer Beziehungen

„Wie heißt das Ding? Riffelkamm oder Flachshechel? So viele Arbeitsschritte! Frau Näßl wird mir bestimmt noch einmal erklären, wie aus der Flachspflanze das Leinen gemacht wird."

Gemeinsam und mit Schwung bringen die Schüler das Stroh in den Stall des Kolbeckhofs. Die „Einstreu" ist das Bett für die Kühe und Ziegen.

Wenn Alois Blödt die Sense dengelt, hört man es im ganzen Dorf.

Katharina und Georg Bäumler arbeiten mit der Sichel und dem „Wachler".

Der Bindemäher hat schon einen gewaltigen Fortschritt gebracht. Die Arbeit ist leichter, man schafft mehr und braucht weniger Leute.

Windmühle, Windfege, Kornfege – egal, wie man zu der Maschine sagt. Sepp Bauer und Franziska Forster reinigen damit das gedroschene Korn.

Josef Bauer und Alois Lippert wissen genau, wie man die Garbenbündel auf den Erntewagen schlichtet.

Das erste Mal im Leben einen Karpfen in den Händen halten, welch ein glitschiges Erlebnis am „Tag des Abfischens" im Museum.

Das Coburger Fuchsschaf und die Waldschafe haben noch ihr Winterfell. Bald kommt die Schafschur – und dann die Schafskälte.

lebendig werden. Die historische Alltagskultur ist im Museum eben nicht nur erlernbar, sondern auch erlebbar.

Deshalb gibt es auch die ganze Saison über ein abwechslungsreiches Programm. Viele Veranstaltungen beschäftigen sich mit der Landwirtschaft. Immer wieder werden dabei verschiedene Stufen des technischen Fortschritts dokumentiert. Am Tag des Schafscherens wird mit einer Schere, aber auch mit einem elektrischen Apparat geschoren. Bei der Getreideernte werden die Halme mit Sichel und Sense geschnitten und die Ähren von Hand gebündelt. Gleichzeitig wird aber auch ein früher Bindemäher übers Feld gezogen, um die Arbeitserleichterungen zu zeigen. Solche Vorstellungen sind eben nur in einem Museum möglich, das die Landwirtschaft auch systematisch betreibt. Besonders beliebt sind die Aktionstage, wenn sie mit Kulinarischem verbunden werden. Bei der Erdäpfelernte schmecken die frisch gedämpften Kartoffeln und beim Fischtag die geräucherten Karpfen und Forellen. Manchmal sind es kleine Dinge, die Kinder heute wieder lernen: Man darf sich auch mal richtig dreckig machen. Das gilt für das Abfischen der Teiche, wo Mädchen und Buben mit rabenschwarzen Beinen durch den Schlamm waten, und auch für den Tummelplatz. Dort darf mit Wasser gepanscht und auf dem Hosenboden am Erdhügel hinuntergerutscht werden.

Es war einmal eine Zeit, da ist man jeden Sonntag in die Kirche gegangen, da hat einem der Pate ab und zu ein Stück Schokolade geschenkt, da gab es Kuchen nur an Festtagen...

Früher war das meist karge Alltagsleben durch eine Vielzahl von Festen unterbrochen. Das Museum vermittelt solche Traditionen weiter. Vor dem Palmsonntag werden die Palmbüschel gebunden und am 1. Mai wird der Maibaum – natürlich ohne Kran – aufgestellt und es wird danach kräftig getanzt und gefeiert. Nie hat sich der Oberpfälzer an die Allerweltskirchweih im Oktober gewöhnen können und deshalb feiert das Museum mit der Perschener und Nabburger Bevölkerung am Patrozinium der Perschener Kirche, die Peter und Paul geweiht ist, ein dreitägiges Kirchweihfest. Dafür wird in den Wochen vorher ein Tanzkurs angeboten, damit der Zwiefache auch schwungvoll gelingt. Am Frauentag, dem 15. August, werden Kräuterbüschel gebunden und der Bezirksheimatpfleger gestaltet eine Marienandacht in der Perschener Kirche. Ein Kirchweihmarkt im Herbst und die Adventsvorbereitungen im Winter runden das Programm ab. Großen Wert legt das Museum auch auf Volksmusik und Mundartpflege. Musikantenstammtische, Konzerte und in letzter Zeit auch Kabarett-Vorstellungen sind regelmäßig ein fester Bestandteil des Programms.

Eine vom Museum durchgeführte Großveranstaltung ist der jährlich stattfindende Neusather Rosstag. Das Programm beginnt mit einem Sternritt und einem Reitergottesdienst und endet mit einem Umzug der beteiligten Pferde. Dazwischen werden landwirtschaftliche Tätigkeiten in Feld und Wald mit dem Pferd gezeigt, verschiedene Rassen vorgestellt und ein

Wettbewerb um Stärke und Ausdauer abgehalten. Um Tiere geht es auch am Tag der alten Haustierrassen. Seltenes Geflügel, verschiedene Schafrassen und seidenweiche Kaninchen gibt es dort zu sehen. Mit dem Tag der alten Haustierrassen soll auch den Besitzern eine Chance zur Vermarktung eröffnet werden, weil das die einzige Überlebenschance für die Tierrassen ist. Die Besucher erfahren, dass die Verdrängung regional typischer Rassen immer mehr voranschreitet und dass dies genauso bedauerlich ist wie der Verlust der heimischen Haustypen. Die Identifizierung der Oberpfälzer mit ihrer Heimat spielt eine wichtige Rolle im Museumskonzept und zwar jenseits typisch bayerischer Klischees von Lederhose, Bier und FC Bayern. Aus welchem Holz bist du geschnitzt, könnte man angesichts der unterschiedlichen Haustypen fragen, wie hat sich die harte Arbeit auf steinigen Böden auf den Charakter der Menschen ausgewirkt und welche Bedeutung hatte die große Frömmigkeit, die aus jedem Herrgottswinkel und jedem Wegkreuz spricht?

Da die Mechanisierung den großen Bruch mit der alten Zeit herbeigeführt hat, ist es nur folgerichtig, von Zeit zu Zeit ein Oldtimer-Treffen zu organisieren. Über 200 Traktoren tuckern dann bei der Abschlussfahrt durch das Museumsgelände und nebenan weiden die Kaltblutpferde, denen der Traktor die Arbeit weggenommen hat. „Dabei hat er den Pferden voraus, dass er länger als acht Stunden arbeiten kann und nicht frisst, wenn er nicht arbeitet“, warb die Firma Lanz für ihren 12 PS Bulldog. Auf den schmalen Feldern des Freilandmuseums kann man sich vorstellen, welchen Eindruck diese Maschinen früher gemacht haben, auf einem flurbereinigten Feld wirken sie wie Spielzeug.

Es war einmal eine Zeit, da hat man sich mit allem mehr Mühe geben müssen. Wollte man ein Hemd haben, musste man erst Flachs sähen...

Fast an jedem Samstag findet im Freilandmuseum ein Kurs statt. Alte Handwerkstechniken wie Filzen, Hinterglas malen, Töpfern und Klöppeln können Interessierte hier erlernen. Die Besucher können aber auch andere nützliche Dinge lernen wie Obstbaumschnitt oder das Mähen mit der Sense. Vielen Kursbesuchern geht es darum, einmal etwas mit der Hand zu machen und sich Zeit zu nehmen um z. B. eine Klöppelspitze anzufertigen, obwohl es die heute ganz billig und sauberer maschinell hergestellt zu kaufen gibt. Sich diese Zeit zu nehmen, ist heute ein wahrer Luxus und hat nichts mit der Arbeit früher zu tun, als die Spitzenklöpplerinnen um einen Hungerlohn im Akkord geschuftet haben. Für das Museum ist es wichtig, dass auch solche alten Techniken weitergegeben werden und nicht aussterben.

Das Oberpfälzer Freilandmuseum ist kein Freizeitpark, sondern eine Bildungseinrichtung. Es kann nicht durch ständig neue Sensationen die Massen anziehen, sondern es muss Besucher durch Inhalte an sich binden. Wenn die Bildung zumeist spielerisch, indirekt und mit Wohlbefinden gepaart daherkommt, wenn der Besucher sich bilden kann aber nicht muss, so ist es doch immer das große Bemühen des Museums, die Wahrheit und Authentizität im Hintergrund spürbar zu machen.

Die böhmischen Mädchen in Tracht zeigen einen Figurentanz, der eindeutig von der Landwirtschaft erzählt.

Bei den bayerisch-böhmischen Dudelsacktreffen ist dieser Musikant aus Mrákov immer wieder gerne zu Gast. Spitzbübisch läßt er den „Bock“ brummen.

Am jährlichen „Rosstag" im Museum kann auch das Brauereigespann bewundert werden. Die sechs Rappen sind für den Festtag sauber herausgeputzt. Der ganze Tag widmet sich dem Thema Pferd. Nach dem Reitergottesdienst zeigen verschiedene Gespanne das Pflügen, Eggen, Misten, Bäumerücken und alles, was der Bauer sonst mit seinen Rössern bewerkstelligte.

Ein Oldtimertreffen mit so vielen Traktoren! Viele Freunde der alten Fahrzeuge sind in Vereinen organisiert. Stolz zeigen sie ihre Schlepper, die oft ein hohes Alter haben und tadellos in Schuss sind.

Rosmarin
Baldrian
Majoran
Frauen-
mantel
Lavendel
Eberraute
Wein-
raute
Beinwell
Zitronen
melisse

BAUERNGÄRTEN

Nutzen und Zierde hinterm „Hanichlzaun"

Viel bewundert und begutachtet sind von den Besuchern des Oberpfälzer Freilandmuseums die Gärten bei den Häusern. Wenn sie heute den Gästen als Augenweide dienen, so darf man nicht vergessen, dass ihre Bestimmung neben der Zierde mehr im Nutzen für diejenigen liegt, die ihn angelegt haben und ihn regelmäßig pflegen.

Darin liegt der Unterschied der Bauerngärten zu den Ziergärten des Adels in der Geschichte und zu den Rasenflächen mit Blumenrabatten in den Vorgärten der Wohnsiedlungen unserer Zeit. Ein Bauerngarten unterstützt die Selbstversorgung des Hofes mit Salaten und Gemüse, mit Kräutern, Gewürzen und Obst. In den Katasteraufzeichnungen des 19. Jahrhunderts werden die zur Hofstelle gehörenden Nutzflächen als Gras-, Sam-, Pflanz- oder Wurzgärten bezeichnet. Zierpflanzen allein kommen in richtigen Bauerngärten nicht vor. Oft wird heute nur als Zierpflanze betrachtet, was früher auch als Heilpflanze Verwendung fand. Dabei soll jedoch nicht in Abrede gestellt werden, dass auch Bäuerinnen Blumen lieben. Nein, selbstverständlich haben auch Blumen ihren Platz im Bauerngarten!

Jede Menge Kräuter, und alle sind sie für etwas gut. Sie sind am Gartenrand gepflanzt und säumen die Gemüsebeete. „Unkraut" ist hier nicht zu finden.

Lange Tradition des Gartenbaus

Die Geschichte der Gartenkultur in Deutschland reicht weit zurück. Über die Verhältnisse vor der Römerzeit ist wenig bekannt. Spätestens seit der Anlage des römischen Militärlagers von Regensburg im Jahr 179 n. Chr. wurden wie in anderen Regionen unter römischem Einfluss auch im Süden der Oberpfalz Gärten im römischen Stil angelegt, um die dort stationierten mehr als 6000 Soldaten, ihre Angehörigen und die sonstige Zivilbevölkerung der Umgebung mit den darin gezogenen Pflanzen zu versorgen und den Menschen Erholung und Erbauung zu geben.

Vom frühen Mittelalter an wissen wir von den Anleitungen und Vorbildern in den Klöstern, was die Anlage von Gärten und die Auswahl der Pflanzen anbelangt. Die Mönche und Nonnen teilten die Gesamtfläche eines Gartens in Beete ein und schufen damit kleine, leicht zu bearbeitende Einheiten, auf denen die Pflanzen getrennt ausgesät oder gesteckt werden konnten. Ein System von breiteren Wegen erleichterte den Zugang zu den einzelnen Gartenabteilungen. Dabei waren in den Klostergärten nicht nur die Gemüse- und Salatpflanzen von Nutzen und Interesse, die gebildeten frommen Frauen und Männer kümmerten sich insbesondere auch um Gewürze und Heilkräuter. Sie sammelten ihre Kenntnisse darüber in handschriftlichen Büchern, die an andere Klöster weitergegeben und dort abgeschrieben und abgemalt wurden. Sie vermittelten ihr Wissen aber auch an die Bauern der Umgebung und leisteten damit wertvolle Grundlagenarbeit für die Ernährung und Gesundheit der Landbevölkerung. Berühmt sind die Aufzeichnungen des Klosters St. Gallen im 9. Jahrhundert, die Anweisungen der Hildegard von Bingen im 12. Jahrhundert und die Schriften des Albertus Magnus im 13. Jahrhundert.

Der Holunder darf bei keinem Haus fehlen. Viele Mythen ranken sich um ihn. Er galt als magische Pflanze. Schon Hildegard von Bingen hat ihn empfohlen.

Die Akelei steht in Nachbarschaft zu Maggikraut (Liebstöckel). Sie wird bei der Herstellung von Parfüm verwendet und hilft angeblich auch bei nachlassender Manneskraft.

Eine seltsame Vogelscheuche auf einem Acker beim Kolbeckhof. Egal, ob Dirigent oder Hexenmeister – Hauptsache, sie vertreibt die Vögel.

Vorschrift und Gesetz

Auch der weltlichen Obrigkeit war der Gartenbau oft ein wichtiges Anliegen. Im frühmittelalterlichen bayerischen Herzogtum bestand ein Obstgarten aus mindestens 12 Bäumen. Selbst Kaiser Karl d. Gr. kümmerte sich in einer Landgüterordnung um das Jahr 800 um den Gartenbau und ordnete im Rückgriff auf die römische Überlieferung an, welche Gewächse in den im ganzen Reich verteilten Gütern des Herrschers in den Gärten sein sollten. 73 Nutzpflanzen und 16 Obstsorten werden darin unterschieden. Viele von ihnen sind bis heute in den Bauerngärten zu finden. Dazu gehören z. B. Sellerie, Lauch, Minze, Iris und Liebstöckel.

Botanische Vielfalt

Die Handelsreisenden und Heereszüge in andere Länder brachten im Verlauf der Jahrhunderte andere Pflanzen in die Gärten. Besonders Gewürze wurden auf diese Weise verbreitet. Dazu kommen die Kenntnisse und Erfahrungen der heil- und pflanzenkundigen „weisen" Frauen in allen Landstrichen, die auch außerhalb der Gärten wachsende Wildkräuter zu sammeln und zu verwenden wussten. Und schließlich waren die Gärten in den Adelssitzen und Fürstenhöfen oft genug Vorbilder und Muster, wenn es darum ging, Neuerungen in die Bauerngärten zu bringen. Erinnert sei nur an die Einführung der Kartoffel in Europa: Als die spanischen und britischen Seefahrer Mitte des 16. Jahrhunderts die Knolle aus der Neuen Welt brachten, wurde sie zuerst als Zierpflanze in den Gärten des Hochadels und der Fürstbischöfe gezogen, bis man nach mehr als zweihundert Jahren ihre Bedeutung als Nahrungsmittel erkannte.

Und wie im Frühmittelalter die Klöster, so waren es nun aufgeklärte Landpfarrer, die den Bauern respektive Bäuerinnen dazu verholfen haben, das Nachtschattengewächs zunächst in den Gärten und später auf den Feldern anzubauen. Bleibt noch zu ergänzen, dass ab dem 19. Jahrhundert auch die Schulen und landwirtschaftlichen Bildungseinrichtungen die Bedeutung der Gärten für die Küche betonten.

Der Reichtum in den Bauerngärten hat also mehrfache Wurzeln. Das Ergebnis ist eine Fülle von Pflanzen, die man schnell zur Hand haben kann, die den Speiseplan bereichern, die Arbeit im Haushalt erleichtern und zur Gesundheit der Hausbewohner für Leib und Seele beitragen. Die unterschiedlichen Traditionen haben dabei gleichzeitig eine Vielzahl verschiedener Erscheinungsformen hervorgebracht.

Der Garten ist Frauensache

Der Garten gehörte wie die Küche zum Reich der Frau. Die Anpflanzung und Aussaat, die Pflege der Pflanzen, die Ernte der Früchte und deren Verarbeitung geschahen im Interesse der Ernährung und Gesundheit der Hausbewohner. Ganz in dieser Tradition kümmern sich im Oberpfälzer Freilandmuseum Anneliese Haas, Franziska Forster und Anna Zimmermann um die Bauerngärten.

In der Zeit zwischen 1950 und 1960 lebte Margarethe Sommer im Matzhof in Ottengrün. Nach ihren Berichten ist der Garten gestaltet. Die Kräuter und Blumen umranden die Gemüsebeete.

„A so a ålte Bauernrous'n håm mir aa no", bemerkt eine Besucherin aus der Umgebung. Diese hier steht beim Kolbeckhof.

Eine unverwüstliche Pflanze ist der Alant. Er wurde durch die Klostergärten im Mittelalter verbreitet und galt als Allheilmittel. Die Wirkstoffe sammeln sich besonders in den Wurzelknollen.

ZEUGEN DER GESCHICHTE

Sammeln, Bewahren und Dokumentieren

Es gehört mit zu den Vorzügen des Oberpfälzer Freilandmuseums, dass der Besucher den Eindruck eines stimmigen Bildes zum ländlichen Leben der Vergangenheit erhält. Das liegt nicht nur an der Anordnung der Gebäude innerhalb der Siedlungen und Fluren, sondern vor allem auch an deren Ausstattung mit Möbeln und anderen Einrichtungsgegenständen. Viele dieser Dinge erzählen von den Einstellungen und Lebensanschauungen ihrer früheren Besitzer. Selbst in den unscheinbarsten Gegenständen offenbart sich oft ein Gespür für Schönheit, für Ausgewogenheit in Form und Farbe, manchmal für Verzierung selbst an Arbeitsgeräten. Schöne Beispiele dafür sind einige Buttermodeln mit Kerbschnitzereien.

Nicht alle Einrichtungsteile sind aus den jeweiligen Häusern im Original erhalten. Dennoch zeigt sich bei der Präsentation das Bemühen, das Inventar der Gebäude wenigstens aus der betreffenden Region einzubringen. Dazu bedarf es einer ausgewogenen Sammlungs- und Dokumentationsarbeit, die sich meist vor den Augen der Besucher verbirgt. Jedoch nicht nur der Einrichtung wegen wird gesammelt. Es geht darum, eine möglichst geschlossene Sammlung an Sachzeugnissen über das Leben und Arbeiten der Altvorderen aufzubauen und der wissenschaftlichen Forschung zur Verfügung zu stellen. Der eigentliche gesellschaftliche Auftrag an ein Museum liegt neben der Präsentation der Gegenstände für die Zeitgenossen darin, die Sachzeugen der Geschichte und Kultur zu sammeln, der Nachwelt zu erhalten und in ihrem kulturhistorischen Zusammenhang zu dokumentieren. Im Falle des Oberpfälzer Freilandmuseums ist dies die Hinterlassenschaft der Menschen aus dem ländlich-bäuerlichen Bereich Nordostbayerns.

Bemalte Bauernmöbel und glasiertes Steinzeug sind stellvertretend für bäuerliche Alltagskultur. Wissen wir heute schon, was für die Nachwelt aufzubewahren besonders wichtig ist?

In der Ausstattung der Gebäude sind diese Dinge – man spricht gern von „Objekten" – thematisch ungeordnet präsentiert, so wie sie eben in der Wirklichkeit des Haushalts und der Arbeitswelt verwendet worden sind. Im Sammlungswesen dagegen wird mit Sachgruppen gearbeitet. Für die Einlagerung ist die Frage nach dem Material von Bedeutung und für die Vergleichbarkeit der Gegenstände in der wissenschaftlichen Dokumentation interessiert die Gegenüberstellung und der Zusammenhang mit anderen Objekten.

Eine dieser Sachgruppen ist beispielsweise der Wandschmuck. Da gibt es handgemalte Hinterglasbilder oder in Eger hergestellte Federbilder, es gibt Gemälde, Ölbilddrucke oder Fotografien. Jeder Bildtyp kann einer bestimmten Epoche zugeordnet werden. Eine andere Gruppe betrifft

Detail eines Kachelofens aus adeligem Haus, der Rauberweihermühle.

Buttermodeln mit Kerbschnitzereien verzierten die darin eingefüllte Bauernbutter.

das religiöse Leben. Hier sind uns kunstvoll gestaltete Gebetbücher mit handschriftlichen Eintragungen, in Herzform gegossene Wachsstöcke, Versehgarnituren oder Rosenkränze überliefert. Die Gestaltung der bemalten Möbel lässt auf bestimmte Werkstätten und Verbreitungsgebiete schließen. Die Konstruktion von Geräten gibt Aufschluss über technische Entwicklungen. Tracht und Kleidung erzählen über Brauchtum, Stoffe und Strömungen in der Mode, sofern man von einer solchen sprechen kann. Gefäße aus dem Haushalt bestehen aus unterschiedlichen Materialien, haben verschiedene Formen und Farben und geben Hinweise auf die Hersteller oder den Handel. Manchmal – wie zum Beispiel bei den Patentellern – sind sie auch mit einem ganz bestimmten Brauchtum verbunden.

Musikinstrumente belegen wiederum die Kultur der musikalischen Unterhaltung in der Region. Gerade die Oberpfalz gehört mit ihrer Randlage zu Böhmen und den historischen Verbindungen der Menschen ins Egerland und in den Böhmerwald zu den besonders blühenden Musiklandschaften Bayerns. Oft kamen Wandermusikanten in die Dörfer und Märkte, andererseits zogen auch Oberpfälzer Musikanten von Ort zu Ort. Auf diese Weise wurden Liedgut und Musiktraditionen verbreitet.
Von besonderer Bedeutung sind auch alte Fotografien, wie die aus dem Edelmannshof in Perschen aus dem Anfang des 20. Jahrhunderts.

Die schöne Dose gibt Zeugnis von der Regensburger „Schnupfe", die bis zum Jahr 2000 produzierte.

Sie zeigen Gebäude in ihrem früheren Zustand, man sieht auf ihnen die Menschen in ihrer damaligen Kleidung und in ihrem Lebensumfeld. So kann und muss jeder Gegenstand unter verschiedenen Fragestellungen betrachtet werden. Aus der Beantwortung all dieser Fragen erschließt sich unsere Kenntnis der vergangenen Alltagskultur.

Wie geht das Museum nun mit den Sachzeugen der Geschichte um? Nicht alle Gegenstände können den Besuchern als Teile einer Hauseinrichtung gezeigt werden. Vieles wird in qualifizierten Magazinen verwahrt, denn die Sammlung ist nicht nur für die Gegenwart angelegt, sie ist insbesondere auch für die zukünftigen Generationen bestimmt. Für diesen Zweck der Erhaltung für die Nachkommen ist es auch wichtig, das Wissen um die Objekte mit zu überliefern. Jedes Ding hat seine ganz eigene Geschichte und ist eingebunden in einen historischen Gesamtzusammenhang. Aus der Aufzeichnung aller mit dem Objekt verbundenen Informationen erwächst diesem Gegenstand eine besondere Bedeutung.

Neben der reinen Aufbewahrung gibt es auch die Möglichkeit, besondere Ausstellungen zu gestalten, in denen dann die Objekte unter verschiedenen Gesichtspunkten gezeigt und kommentiert werden können. Beispiele dafür sind etwa das Steingut als weit verbreitetes und vielfach in der Oberpfalz hergestelltes Geschirr im ländlichen Haushalt, Gegenstände aus dem Lebensumfeld der ländlichen Dienstboten, Sachkultur des Hirten- und Weidewesens, Weihnachtskrippen, bemalte Möbel und vieles mehr. Auch die Veröffentlichung des Wissens im Zusammenhang mit dem Sammlungsgut ist eine geeignete Möglichkeit, die ländliche Kulturgeschichte in Form von Bestandskatalogen, in Druckwerken als schriftliche Begleitung von Ausstellungen oder in kommentierten Bildbänden mit alten Fotografien der Öffentlichkeit mitzuteilen.

Der bemalte Bierkrug mit Zinndeckel war einmal ein Hochzeitsgeschenk. Den Forscher interessiert das Material, die Form, das Alter, der Hersteller und der ehemalige Besitzer.

Zweimal die Heilige Familie: als Eingericht und im Hinterglasbild. In den katholischen Gebieten der Oberpfalz gibt es viele alte Zeugnisse von häuslicher Frömmigkeit. In modernen Haushalten sind sie allenfalls als Sammlerstücke zu finden.

Wachsstöcke und Gebetbücher waren oft Mitbringsel von Wallfahrtsorten. Sie gehörten auch zu den Gegenständen, die den weiblichen Dienstboten von ihrer Herrschaft bei bestimmten Gelegenheiten übergeben wurden. Auch waren sie als Geschenke zur Erstkommunion oder zur Firmung üblich. Als persönliche Schätze wurden sie meist ein Leben lang aufbewahrt.

Das Oberpfälzer Freilandmuseum verfügt über eine bedeutende Sammlung historischer Musikinstrumente. Die Konzert-Mandolinenzither Modell „Alaska“ stammt vermutlich aus dem Anfang des 20. Jahrhunderts.
Das Tenorhorn wurde zwischen 1920 und 1930 im böhmischen Graslitz hergestellt.

Eine Taschenuhr an der Kette kann eine Erinnerung an ein Patengeschenk anlässlich der Firmung sein. Oft war sie Zubehör bei der Sonntagskleidung des Bauern. Sie galt gemeinhin als Zeichen der Zugehörigkeit zur Schicht der Vermögenderen. Also trug der Bauer die Kette stolz auf dem Bauch, während die Uhr in der Westentasche ruhte.

Sogenannte Patenteller waren besondere persönliche Geschenke und wurden zeitlebens in Ehren gehalten.

Dieser eintürige Bauernschrank mit Kammzug, Blumenmotiven und religiösem Symbol aus dem Jahre 1853 stammt aus der Schreinerei Mathes in Neumarkt in der Oberpfalz. Er kam 1979 in die Sammlung des Museums.

ENTLANG DER WEGE

Bildstöcke, Flurkreuze und Totenbretter erinnern und mahnen

Zur Kulturlandschaft gehören auch Klein- oder Flurdenkmäler, an denen die meisten heute achtlos vorbeigehen, die jedoch früher für das Denken und Fühlen der Bewohner des Landes eine große Bedeutung hatten. Etwa 30 000 davon sind in der Oberpfalz bekannt; sie werden in Fachzeitschriften und zum Teil dickbändigen Publikationen wissenschaftlich erfasst und dokumentiert. In der praktischen Heimatpflege kümmert sich eine Reihe von ehrenamtlich Tätigen um ihren Erhalt.

Flurdenkmäler stehen in der Regel entlang von Wegen oder Flurgrenzen. Sie wurden dafür geschaffen, den Menschen etwas mitzuteilen: die Entfernung zu einem bestimmten Ort, die Markierung einer Grenze, die Erinnerung an ein Verbrechen oder einen Unglücksfall, die Aufforderung zu einem Gebet, die Bitte um ein Totengedenken, eine Mahnung an die Vergänglichkeit des Seins, den Wunsch für die Bewahrung vor Unwetter und dergleichen mehr. In den meist katholisch geprägten Landstrichen der Oberpfalz überwiegen die religiös motivierten Flurdenkmäler. Kreuze in den verschiedensten Ausführungen zählen zu den häufigsten Beispielen.

Nicht gerade erwärmend ist es, was der Bildstock erzählt: Ein hussitischer Krieger hat einer hölzernen Madonna den Schädel gespalten. Daraus floss Blut. Die Legende ist die Grundlage für die Wallfahrt nach Neukirchen beim Hl. Blut.

Sie sind als Zeichen der göttlichen Allmacht und Symbole des Christentums untrennbar mit der religiösen Einstellung ihrer Stifter verbunden. Gerade in der Landwirtschaft fühlte man sich früher von der göttlichen Vorsehung besonders abhängig, war doch der Erfolg der bäuerlichen Arbeit sehr stark durch die Witterungsverhältnisse beeinflusst. Der Volksmund sagte, in Sichtweite von Wetterkreuzen seien die Fluren vor Hagel und Unwetter geschützt. An vielen Orten verbindet sich das religiöse Brauchtum der Flurumgänge und Bittprozessionen mit dem Besuch bestimmter Flurkreuze.

Verschiedene Typen

Je nach Anlass und Intention ordnet man die Flur- und Kleindenkmäler in unterschiedliche Kategorien ein. In Hinsicht auf die Funktion gibt es Grenzzeichen, Kilometer- oder Meilensteine, Stundensäulen, Erinnerungs- und Sühnekreuze, Bildstöcke, Flurkreuze und Flurkapellen. In Bezug auf das Herstellungsmaterial oder die Form kann man bearbeitete oder unbearbeitete Steine mit einer bestimmten Bedeutung, Holz- und Steinbildstöcke, Gusseisen- oder Blechschnittkreuze, Bildtafeln, Figuren, Bildbäume oder Totenbretter anführen.

Bei einer großen Zahl von steinernen Kreuzen handelt es sich um mehrere Jahrhunderte alte Dokumente mit sowohl rechtlichem als auch religiösem Hintergrund. Gemeint sind die vielen Sühnekreuze, die manchmal fälschlicherweise als Franzosen- oder Schwedenkreuze bezeichnet werden. Das liegt daran, dass die Menschen, in deren Lebensumfeld solche Kreuze stehen, die Wurzeln dieses Brauchs nicht mehr kennen. Sie bringen die Steine mit den Franzosenkriegen aus dem Anfang des 19. Jahrhunderts oder mit den schwedischen Truppen des Dreißigjährigen

Der Volksmund sagt, so lange das Totenbrett mit dem Namen des Verstorbenen nicht völlig verwittert ist, so lange irrt seine Seele im Fegefeuer.

Bis auf das Doppelkreuz an der Spitze und die Emaillmalereien ist die Säule aus dem Stiftland ganz aus Stein. Die Bilder im „Tabernakel“ enthalten religiöse Szenen.

Was mag hier wohl passiert sein? Sühnekreuze stehen oft an der Stelle eines schweren Unglücks oder Verbrechens. Mit diesem Steinkreuz aus dem 14. Jahrhundert verbindet sich die Sage von einem tödlich verunglückten Ritter.

Himmlischen Schutz für das Haus und seine Bewohner soll das Kreuz an der Rauberweihermühle bringen. Blechschnittfiguren sind eine preiswerte Alternative zu geschnitzten oder gegossenen Figuren.

Krieges in Zusammenhang. In Wirklichkeit liegt der Grund für die Aufstellung solcher Kreuze im mittelalterlichen Rechtssystem. Demnach wurde bei einem Mord oder Totschlag der Übeltäter neben allen sonstigen Strafen dazu verpflichtet, zum Gedenken an den zu Tode Gekommenen das betreffende Mahnmal aufzustellen. Alle Vorübergehenden sollten beim Anblick des Kreuzes ein Gebet für das Seelenheil des unvorbereitet Verstorbenen verrichten. Der Verurteilte musste das Kreuz zeitlebens pflegen und in Stand halten, nach seinem Tod fiel seinen Angehörigen und Nachkommen diese Aufgabe zu. Nach der Einführung des „römischen" Rechtssystems im Übergang vom Mittelalter zur Neuzeit ging der Zusammenhang zwischen religiösen Vorstellungen und weltlicher Rechtsprechung verloren. Trotzdem hielt sich der Brauch von steinernen Gedenkkreuzen für plötzlich und ohne kirchlichen Beistand verstorbene Mitmenschen und Angehörige noch lange Zeit.

Vor dem Hintergrund ihrer kulturgeschichtlichen Aussagekraft und Wertigkeit stehen auch im Oberpfälzer Freilandmuseum Flurdenkmäler der unterschiedlichsten Art. Der Besucher findet eine Reihe von verschiedenen Kreuzen und Bildstöcken, aber auch zwei Stundensäulen und einen Grenzstein. Alle diese alten Rechtsmale, Verkehrsmale und religiösen Denkmale sind Zeugen unserer Traditionen und erhaltenswerte Elemente unserer Kulturlandschaft.

Jeder Gegenstand, der an dem „Arma-Christi-Kreuz" befestigt ist, erzählt ein Element aus der Leidensgeschichte Jesu. Es fordert vom Betrachter eine lange Beschäftigung mit dem, was die Kirche mitteilt. Solche Kreuze sind in der Menge der Flurdenkmäler in der Minderheit.

Tage und Jahre gehen zu Ende. Neue Zeiten lösen die alten ab. Das Oberpfälzer Freilandmuseum bewahrt die Erinnerungen an die Vergangenheit der ländlichen Oberpfalz und schafft regionale Identität. Aus dem Garten der Geschichte richtet sich der Blick in das abendliche Naabtal der Gegenwart.

Literatur in Auswahl

Babl, Hans (1996). Ein Rundgang im Bauernmuseum Perschen. In: Ralf Heimrath (1996). *Oberpfälzer Freilandmuseum Neusath-Perschen. Ein Rundgang* (S. 129 – 123). Regensburg.

Bauernfeind, Wolfgang (1910). *Aus dem Volksleben. Sitten, Sagen und Gebräuche der Nordoberpfalz.* Regensburg.

Bedal, Konrad (Hrsg.) (1992). *Mühlen und Müller in Franken. 2.* veränderte und wesentlich erweiterte Auflage. Bad Windsheim.

Dausch, Ernst (1998). *Nabburg. Geschichte, Geschichten und Sehenswürdigkeiten einer über 1000 Jahre alten Stadt.* Nabburg.

Endres, Werner (1994). *Möbel aus dem Depot des Oberpfälzer Freilandmuseums Neusath-Perschen.* Nabburg.

Endres, Werner (2004). *Steingut. Geschirr aus der Oberpfalz.* Hrsg. v. Werner Endres, Margit Berwing-Wittl und Bärbel Kleindorfer-Marx. München – Berlin.

Heimrath, Ralf (2005). *Ein Tummelplatz für die Oberpfalz.* In: Die Oberpfalz. Heimatzeitschrift für den ehemaligen Bayerischen Nordgau. 93. Jahrgang Heft 4 (S. 232 f.).

Heimrath, Ralf (2000). Ländliche Bautraditionen im Landkreis Tirschenreuth. In: *Denkmäler in Bayern. Band III.45. Landkreis Tirschenreuth.* Hrsg. von Detlef Knipping und Gabriele Raßhofer. München (S. CIV – CXVI).

Heimrath, Ralf (2000 b). *„Musikanten spült's oins aaf..." Musikinstrumente aus der Sammlung des Oberpfälzer Freilandmuseums Neusath-Perschen.* Hrsg. von Ralf Heimrath mit Beiträgen von Tibor Ehlers, Armin Griebel, Ralf Heimrath, Roland Pongratz und Daniela Urbancová. Nabburg.

Heimrath, Ralf (1998). Das Oberpfälzer Freilandmuseum Neusath-Perschen. In: Ernst Dausch (1988). *Nabburg. Geschichte, Geschichten und Sehenswürdigkeiten einer über 1000 Jahre alten Stadt* (S. 361 f.). Nabburg.

Heimrath, Ralf (1996). Zehn Jahre Oberpfälzer Freilandmuseum. In: Ders. (Hrsg.) (1996). *Oberpfälzer Freilandmuseum Neusath-Perschen. Ein Rundgang* (S. 12 – 14). Nabburg.

Heimrath, Ralf (1995 a). Die Aufgaben eines Freilandmuseums am Beispiel Neusath-Perschen. In: *Mitteilungen des Vereins Oberpfälzisches Bauernmuseum e.V.* Nr. 29 (S. 4 – 16).

Heimrath, Ralf (1995 b). Die Geschichte der Zielheimer Schmiede. In: *Jahresband zur Kultur und Geschichte im Landkreis Schwandorf Band 6.* (S. 15 – 21).

Heimrath, Ralf (1995 c). Grenzübergreifende Hausformen am Beispiel der östlichen Oberpfalz. In: *Bauernhäuser in Bayern. Oberpfalz.* Hrsg. von Helmut Gebhard und Paul Unterkircher (S. 89 – 95). München.

Heimrath, Ralf / Angerer, Birgit (2001). *Wöi's gwen is. Landleben in der Oberpfalz in Fotos von 1900 bis 1960.* Amberg.

Heimrath, Ralf / Angerer, Birgit (2002). *Woaßt as no? Fotografische Erinnerungen aus der Oberpfalz.* Amberg.

Heimrath, Ralf / Angerer, Birgit (2003). *No wos vo fröiha. Ein Rückblick mit alten Fotos aus der Oberpfalz.* Amberg.

Heimrath, Ralf / Ullmann-Süß, Johanna (2005). *„Gefiederte Blätter". Egrische Federbilder.* Oberpfälzer Freilandmuseum Neusath-Perschen.

Helm, Winfried (1995). Ländlich-bäuerlicher Hausbau in der Oberpfalz. In: *Bauernhäuser in Bayern. Oberpfalz.* Hrsg. von Helmut Gebhard und Paul Unterkircher. (S. 47 – 88).

Kaletsch, Katharina / Neugebauer, Manfred / Paukner, Josef / Ritscher, Berta / Roser, Sebastian (1991). *Ein Hirtenhaus aus dem Stiftland. Eine Dokumentation des Oberpfälzer Freilandmuseums Neusath Perschen.* Schriftenreihe Oberpfälzer Freilandmuseum Band 4. Nabburg.

Kraus, Bettina (o. J. [1999]). *Ländliche Hausgärten – Bauerngärten.* Ein Kurzführer. Neusath.

Kreilinger, Kilian (1996). Die bayerischen Freilichtmuseen heute. In: Ralf Heimrath (1996). *Oberpfälzer Freilandmuseum Neusath-Perschen. Ein Rundgang* (S. 9 – 11). Regensburg.

Leitlinien und Grundsätze für Freilichtmuseen. Schreiben des Bayerischen Staatsministeriums für Unterricht, Kultus, Wissenschaft und Kunst vom 16.06.1995 Nr. XII/3-K 4307-18/85 221.

Losert , Hans / Szameit, Erik (2003). Österreichisch-deutsche Ausgrabungen in einer Wüstung des frühen Mittelalters bei Dietstätt. In: *Das archäologische Jahr in Bayern 2002* (S. 102 – 104). Stuttgart.

Manske, Dietrich J. (1995). Landschaft und Siedlung in der Oberpfalz. In: *Bauernhäuser in Bayern. Oberpfalz.* Hrsg. von Helmut Gebhard und Paul Unterkircher (S. 19 – 46). München.

Morsbach, Peter (1995). *Oberpfälzer Freilandmuseum. Flurdenkmal-Weg. Ein kurzer Führer.* Herausgegeben für das Oberpfälzer Freilandmuseum Neusath-Perschen von Ralf Heimrath. 2. Aufl. 1998. Neusath.

Müller-Luckner, Elisabeth (1981). Nabburg. Historischer Atlas von Bayern Teil Altbayern Heft 50. München.

Naumann, Günther (2001). Sind Bautraditionen heute noch anwendbar? Untersuchungen am Beispiel der südöstlichen Oberpfalz. In: *Bautraditionen und Neubauten – verträgt sich das?* Tagungsbericht hrsg. von Ralf Heimrath (S. 46 – 108). Neusath-Perschen.

Neugebauer, Manfred (1988). *Oberpfälzer Freilandmuseum Neusath-Perschen. Baugeschichte und Gebäudeversetzung. Ein Führer zur Museumsarbeit.* Mit einem Beitrag von Kilian Kreilinger. Schriftenreihe „Oberpfälzer Freilandmuseum“ Band 2. München – Zürich.

Neugebauer, Manfred (1986 a). *Oberpfälzer Freilandmuseum Neusath-Perschen.* Schriftenreihe „Oberpfälzer Freilandmuseum“ Band 1. München – Zürich.

Neugebauer, Manfred (1986 b). Zum Aufbau des Oberpfälzer Freilandmuseums Neusath-Perschen 1986. In: *Mitteilungen des Vereins Oberpfälzisches Bauernmuseum e.V.* Nr. 20 (S. 5-11). Nabburg.

Neugebauer, Manfred (1986 c). Transferierung und angewandte historische Bauforschung im Oberpfälzer Freilandmuseum – am Beispiel der Rauberweihermühle. In: *Heimat Nabburg* Jahrgang 7 (S. 5 – 23). Nabburg.

Neugebauer, Manfred (1983). Zum Aufbau des Oberpfälzer Freilandmuseums Neusath-Perschen 1983. In: *Mitteilungen des Vereins Oberpfälzisches Bauernmuseum e.V.* Nr. 17 (S. 16 – 27). Nabburg.

Pfistermeister, Ursula (2003). *Übern Zaun gschaut. Gärten in der Oberpfalz.* Amberg.

Raiffeisenförderverein Regensburg / Oberpfälzer Freilandmuseum Neusath-Perschen (Hrsg.) (o. J.). *Raiffeisen im Oberpfälzer Freilandmuseum Neusath-Perschen.*

Reger, Karl Heinz (1989). *Hildegard Medizin. Die natürlichen Kräuterrezepte und Heilverfahren der hl. Hildegard von Bingen.* 5. überarb. Auflage. München.

Ritscher, Berta (1986). Der Erbrechtsbrief vom 5. Mai 1522 – die „Stiftungsurkunde“ des späteren Edelmannshofs. In: *Mitteilungen des Vereins Oberpfälzisches Bauernmuseum e.V.* Nr. 20 (S. 12 – 22).

Ritscher, Berta (1984). Zur Vorgeschichte des Edelmannshofs. Pfarrhof – Widemhof – Erbrechtshof. In: *Mitteilungen des Vereins Oberpfälzisches Bauernmuseum e.V.* Nr. 18 (S. 21-24).

Schwarz, Ernst (1960). *Sprache und Siedlung in Nordostbayern.* Erlanger Beiträge zur Sprach- und Kunstwissenschaft Band IV. Nürnberg.

Spindler, Max (1995). *Handbuch der bayerischen Geschichte. Band III/3: Geschichte der Oberpfalz und des bayerischen Reichskreises bis zum Ausgang des 18. Jahrhunderts.* Begründet von Max Spindler in Verbindung mit Dieter Albrecht, Christoph Bauer, Hans Pörnbacher, Alois Schmid, Hans Schmid, Peter Schmid, Eckart Schremmer und Wilhelm Volkert, neu herausgegeben von Andreas Kraus. München.

Tegtmeier-Breit, Annegret (1992). Kegeln und Kegelbahnen in Lippe während des 19. und zu Beginn des 20. Jahrhunderts. In: *Beiträge zur Volkskunde und Hausforschung* 5 (S.61 – 74).

Tietz-Strödel, Marion (1988). Ländlich-bäuerliche Architektur im Egerland unter besonderer Berücksichtigung von Fachwerk und Vierseithof. In: Lorenz Schreiner (Hrsg.): *Eger und das Egerland. Volkskunst und Brauchtum.* (S. 130 – 193). München – Wien.

Ullmann, Johanna (1996). *Öfen und Herde in der Oberpfalz.* Nabburg.

Vom Edelmannshof zum Bauernmuseum. Die Chronik. (1984). *In: 20 Jahre Oberpfälzisches Bauernmuseum. Festschrift Bauernmuseum Perschen 1964 – 1984 (S. 9-22).* Nabburg.

Bildnachweis

Archiv Oberpfälzer Freilandmuseum Neusath-Perschen S. 6, 16 (Günther Naumann), 23, 32 r. o., 35, 42 u., 53, 72 o., 76 o.
Alle anderen Fotos: Günter Moser.

Das Oberpfälzer Freilandmuseum Neusath-Perschen bedankt sich bei allen Spendern und Leihgebern, die zu seinem Reichtum an Gegenständen der ländlichen Kulturgeschichte der Oberpfalz beigetragen haben. Es bedankt sich bei den Verantwortlichen des Vereins „Oberpfälzisches Bauernmuseum Neusath-Perschen" für die Gründung des Museums im Edelmannshof und bei den Bezirksrätinnen, Bezirksräten und Bezirkstagspräsidenten, die in ihrer Amtszeit die Geschicke des Museums beschlossen haben. Es bedankt sich bei allen Mitarbeiterinnen und Mitarbeitern, die durch ihren persönlichen Einsatz im Rahmen ihrer Tätigkeit dafür sorgen, dass die Einrichtung beim Publikum so beliebt ist. Schließlich aber bedankt es sich bei den Hunderttausenden von Besuchern – es sind weit über eine Million –, die durch ihre Anwesenheit in einer der bedeutendsten touristischen Einrichtung der Oberpfalz ihre Verbundenheit mit dem Museum bezeugen.